Corneliu Zelea Codreanu

Le livret du chef de nid

Bibliothèque
DISSIDENTE

https://bibliothequedissidente.com

Le livret du chef de nid

*Traduction de **Cărticica șefului de cuib***

Naissance du capitaine, gravure de Bassarab représentant Codreanu enfant gardé par l'archange Michel.

*Retrouvez d'autres éditions imprimées
d'ouvrages numériques sur le site de la
bibliothèque dissidente :
https://bibliothequedissidente.com*

" Le Mouvement Légionnaire, avant d'être un mouvement politique, théorique, financier, économique, c'est-à-dire un mouvement de formules, est une école spirituelle, dans laquelle, s'il y entre un homme, à l'autre bout en sortira un héros "

Corneliu Zelea Codreanu
(1899-1938)

Table des matières

LE LIVRET DU CHEF DE NID

La LÉGION est une organisation fondée sur l'ordre et la discipline.

La LÉGION est inspirée par un nationalisme pur, issu de l'amour de la Nation et de la Patrie.

La LÉGION veut inciter à la lutte toutes les énergies créatrices de la Nation.

La LÉGION protège les autels, que nos ennemis veulent détruire.

La LÉGION s'agenouille devant les croix des braves et des martyrs pour la Patrie.

LA LÉGION EST UN BOUCLIER IMMUABLE autour du Trône du haut duquel des Voévodes et des Rois se sont immolés pour la défense et la grandeur de la Patrie.

La LÉGION veut forger des âmes fortes, des bras robustes, un Pays puissant, une Roumanie nouvelle.

PARTIE I. La séance de nid. Les lois. Le petit drapeau. L'initiative. L'exécution des ordres.

Mai 1933, Bucarest

Camarades !

Vous avez répondu en grand nombre à l'appel lancé pour nous réorganiser tous en nids. Pămāntul Strămoşesc (*Terre des ancêtres*) publiera à tour de rôle le nom des nids, tout en leur donnant l'approbation qui leur est due. Vous êtes issus de toutes les parties du pays et de toutes les classes sociales, en majorité paysans et ouvriers.

POINT 1.

Vous savez maintenant ce qu'est un nid : un groupe d'hommes conduit par un seul homme. Le nid n'a pas de comité. Il n'a qu'un chef qui commande, un correspondant qui s'occupe de la correspondance, un trésorier qui recueille les cotisations et un messager qui assure la liaison avec d'autres nids ou avec le chef du département. Tous ceux-ci obéissent comme des frères au camarade qui remplit les fonctions de chef de nid (voir « Aux Légionnaires », partie « La Légion de Saint-Michel Archange », débuts de l'organisation).

POINT 2 : Les devoirs du correspondant, du messager et du trésorier du nid.

Le correspondant tient la correspondance selon les ordres du chef de nid. Il écrit et envoie les lettres. Le messager assure la liaison entre les membres du nid, ou entre deux nids, ou entre le nid et les différents chefs hiérarchiques. Il apporte les paquets de brochures, de revues, de manifestes, de journaux, ou d'autres colis, de la gare ou du bureau de poste et les distribue aux membres du nid. Il est aux ordres du chef de nid.

Le trésorier a la charge d'encaisser une somme, si petite soit-elle (au moins un leu par mois) de chaque membre. Ou d'autres subsides. Il est également aux ordres du chef de nid.

POINT 3 : Les six lois fondamentales du nid.

Elles ont été amplement traitées dans les anciennes directives du nid. (Ces directives sont entièrement annulées par la parution de la présente brochure).

Nous les énumérons ici :

1) *La loi de la discipline.* Sois discipliné, légionnaire, ce n'est qu'ainsi que tu vaincras. Suis ton chef dans les bons jours et dans les difficultés.

2) *La loi du travail.* Travaille ! Travaille chaque jour. Aime ton travail. Que la récompense de ton travail ne soit pas le gain, mais la satisfaction d'avoir posé une pierre pour la grandeur de la Légion et pour l'épanouissement de la

Roumanie.

3) *La loi du silence.* Parle peu ! Ne dis que ce qu'il faut. Parle quand il le faut. Ta parole est celle des faits. Agis ! Ne parle pas.

4) *La loi de l'éducation.* Tu dois devenir un autre. Un héros. C'est dans le nid que tu dois faire toute ton éducation. Connais la Légion à fond.

5) *La loi de l'entraide.* Aide ton frère qui a sombré dans le malheur. Ne l'abandonne pas !

6) *La loi de l'honneur.* Ne marche que sur les voies que t'indique l'honneur. Lutte et ne sois jamais lâche. Laisse à d'autres les voies de l'infamie. Mieux vaut mourir en combattant sur la voie de l'honneur que vaincre par une infamie.

POINT 4 : Le petit drapeau du nid.

Chaque nid a son petit drapeau tricolore. La matière en est la soie ; les dimensions : 40 cm sur 40. La longueur de la hampe : 1 m et 10 cm. Surmontée d'une croix. Sur le tissu, on inscrira : Le nid...... La garnison...... Le département......

Ce petit drapeau n'est jamais sorti. Il est conservé dans la maison, au siège du nid. Au tissu, on fixe des « étoiles » : 1, 2, 3, 4, jusqu'à 7. Le drapeau à 7 étoiles est un drapeau couvert de gloire. Seul le Chef de la Légion attribue des étoiles, soit sur proposition des chefs départementaux, soit en fonction de sa propre conviction. Une étoile sur le drapeau signifie une grande lutte à laquelle un nid a participé, et dans laquelle il s'est distingué, s'est comporté avec bravoure.

Pour que tous les drapeaux soient semblables et confectionnés dans le même tissu, il serait bon que les chefs de nid les commandent au chef départemental, qui les commanderait au centre, à Bucarest.

Quand un nid se fait-il un drapeau ? On ne peut confier un drapeau à un nid avant 6 mois d'activité régulière. C'est pourquoi un nid ne peut confectionner son drapeau sans l'approbation du chef du département.

POINT 5 : Les rapports.

A. Le chef de nid doit rédiger un rapport hebdomadaire après chaque séance de nid.

Ce rapport sera rédigé sur le modèle fourni par le chef de département. Le rapport doit comprendre les données suivantes :

1) Le nom du nid et la date de la séance.

2) Les absences et les présences à la séance.

3) Les cotisations des membres.

4) Les initiatives et les réalisations du nid au cours de la semaine et notamment:

a) différentes contributions matérielles au bénéfice de la Légion.

b) abonnements à différents journaux légionnaires, et surtout à

Libertatea (La Liberté). Achats de journaux, de brochures, de livres légionnaires.

c) Vente rétribuée en argent des écrits légionnaires.

d) Journées de travail sur les chantiers et dans les camps légionnaires.

e) Formation de nids nouveaux.

f) Marches, séances dans les champs, visites rendues à d'autres nids.

Le rapport est rédigé par le chef de nid et remis en 24 heures avec la cotisation au chef de garnison. Dans les localités où se trouve le siège de l'Organisation départementale, les rapports peuvent être remis directement au secrétaire de l'organisation.

B. Les chefs de garnison remettent, entre le 1er et le 4 de chaque mois, les rapports reçus pendant un mois des chefs de nids de la garnison, avec les cotisations.

C. Le chef de secteur remet au chef du département, entre le 4 et le 7 de chaque mois, les rapports des chefs de nid de leur garnison, avec les cotisations.

D. Le chef du département établit, d'après les rapports des chefs de nid du département, la situation du département pour un mois.

Il fait, en même temps, une classification générale des nids du département, la classification des nids par secteurs, et la classification des secteurs.

Le chef de département rédige un rapport mensuel qu'il remet en double exemplaire, entre le 7 et le 13 de chaque mois, au chef de Région.

Le rapport du chef de département doit comprendre :

1) Le nombre de nids.
2) Les nids récemment fondés.
3) Le nombre de membres.

4) Progrès par rapport au mois précédent.

5) Nombre des séances de nids.

6) Nombre des présents.

7) Nombre des absents.

8) Cotisations.

9) Contributions diverses.

10) Écrits et abonnements.

a) Valeur des entrées.

b) Valeur des écrits distribués contre paiement.

c) Valeur de ceux distribués gratuitement.

d) Somme acquittée.

e) Somme à payer.

11) Les chantiers.

a) Journées de travail.

b) Évaluation du travail en argent.

12) Camps.

a) Journées de travail.

b) Évaluation du travail en argent.

13) Marches en km-Hommes. (Multiplier le nombre de km effectués

par le nombre des membres qui y participent).

14) Initiatives.

15) Délégations.

16) Heures de garde.

17) Difficultés internes à l'organisation : disputes, contradictions, différentes infractions des légionnaires.

18) Mesures prises pour surmonter les difficultés apparues.

19) Courant de sympathie, animosité, indifférence.

20) Points faibles de l'organisation, mesures prises pour la fortifier sur ces points.

21) La tenue, l'attitude morale des légionnaires en société.

22) Attaques (calomnies, agressions, abus des autorités. Nom des personnes qui attaquent et leurs adresses).

E. Le chef de région établit, sur la base des rapports reçus, une classification des départements de la région.

Le chef de région remet au Centre, Service du Personnel, un rapport sur la situation générale de la région, comprenant exactement les mêmes points que le rapport du chef de département.

Le chef de région remet en même temps un exemplaire des rapports de chefs de départements.

POINT 6 : Quand se réunit le nid.

Tous les nids de légionnaires de tout le pays se réunissent chaque samedi soir. Le lendemain étant dimanche, on peut discuter à loisir. Mais si cela est nécessaire, le nid peut se réunir quand le chef l'y appelle, n'importe quel jour de la semaine.

POINT 7 : La vie du nid.

Le nid réuni est une église. En entrant dans le nid, tu te dépouilles de tes petits soucis et tu te consacres une heure à tes pensées pures. À ta Patrie. L'heure de séance du nid est l'heure de la Patrie. L'harmonie complète doit résulter non seulement de l'amitié de ceux qui se réunissent, mais surtout de la communauté de leur idéal. Là, dans le nid, on élèvera une prière à Dieu pour la victoire de la Légion, on chantera les chants envoyés par la Légion, on se souviendra des morts : martyrs, héros morts pour la Légion, et camarades morts dans la foi légionnaire ; amis, parents, grands-parents et ancêtres, en invoquant leurs âmes.

En règle générale, on ne donnera pas cours dans le nid aux discussions passionnées, violentes, contradictoires. Le moins de paroles possible, le plus de méditation possible, que rien ne vienne troubler la majesté du silence et de la concorde.

On fera des exercices de silence total.

POINT 8 : Premier souci : L'EXACTITUDE.

Si le chef du nid fixe la réunion à 9 h, alors tous doivent arranger leurs affaires de manière à ne venir ni trop tôt, ni trop tard.

Qu'aucun ne fasse attendre l'autre. Le légionnaire doit être fidèle à sa parole. Lorsqu'il prononce une parole, il doit s'y tenir exactement. Le pays est plein de gens qui parlent beaucoup et qui n'ont pas de parole. Réfléchis bien quand tu promets quelque chose. Si tu crois que tu ne peux pas quelque chose, dis-le sincèrement, c'est plus beau.

POINT 9 : Second souci : LE BON CŒUR.

Le légionnaire, quand il vient au nid, doit le faire de bon cœur.

Qu'il ne commence pas par penser à la dispute ou à une méchanceté, car dans le nid il n'a pas le droit de se quereller avec qui que ce soit. Lorsque le légionnaire a envie de se quereller, qu'il se mêle aux ennemis. Les choses belles et grandes s'accomplissent avec bon cœur, car là où le cœur est bon, il y a Dieu. Et le démon s'est introduit là où le cœur est mauvais. C'est pourquoi aucun travail ne progresse là où il y a du mauvais cœur. Tout va de travers. On dit que l'homme qui sarcle avec mauvais cœur, ni le maïs, ni le blé ne croissent dans son sillon.

POINT 10 : Commencement de la séance.

À l'heure fixée, lorsque tous les membres du nid sont rassemblés, le chef du nid se lève et dit d'une voix martiale :

Camarades !

À ce signal, tous se lèvent. Ils tournent le visage vers le Levant et saluent le bras tendu : le salut du ciel, c'est-à-dire des hauteurs, du soleil, symbole de la victoire, de la lumière et du bien.

Le chef du nid prononce lentement, et les autres répètent après lui :

1) Prions Dieu.

2) Pensons à notre Capitaine.

3) Élevons nos pensées vers les âmes des martyrs :

-Motza

-Marin

-Sterie Ciumetti

-et de tous nos camarades tombés pour la Légion ou morts dans la Foi légionnaire.

4) Croyons dans la résurrection de la Roumanie légionnaire et dans l'effondrement du mur de haine et de félonie qui l'entoure.

5) Je jure de ne jamais trahir la Légion.

POINT 11 : Par quoi commence

une séance de nid ?

1) Par la partie informative. Les nouvelles.

Les nouvelles reçues du Centre ou du département, etc. Les événements survenus dans le pays.

Les événements survenus dans le village (la politique du village), la ville, la faculté, l'usine, etc.

Que font les différentes forces politiques adverses ? Croissent-elles ? Progressent-elles ?

Régressent-elles ?

Quelle est la situation de notre Légion dans le pays ? Chaque membre du nid apporte ici ses propres informations.

2) Ordres reçus.

Les ordres qui ont encore été donnés.

À quoi s'occupent les autres légionnaires du pays ? Quelle est la situation de la lutte légionnaire ?

3) Lecture du Pămāntul Strămoşesc (*Terre des ancêtres*) et autres journaux

légionnaires. Pământul Strămoşesc doit être lu en entier. C'est là que se trouvent le véritable esprit légionnaire, tous les ordres donnés par le Centre, de même que les meilleures informations du pays par rapport au mouvement.

On lira aussi les journaux légionnaires locaux.

4) L'éducation des membres. Le légionnaire doit savoir :

Que la Légion finira par triompher de tous les partis, de tous les obstacles.

Que les légionnaires sont prêts à faire, joyeusement, n'importe quel sacrifice.

Que chaque sacrifice signifie un pas en avant sur le chemin de la victoire.

Que la Légion a un programme précis qui sera publié en temps voulu. Que le pays sera reconstruit par la réalisation de ce programme.

Que les légionnaires feront de cette Roumanie un pays riche et beau.

Que les légionnaires sont élus par Dieu pour sonner, après des siècles de ténèbres et de persécutions, la résurrection du peuple roumain. Le chef de nid tâchera de semer profondément dans l'âme de chaque membre du nid, la Foi en Dieu, la Patrie et la mission de notre peuple.

POINT 12 : Ce dont on peut encore discuter dans les nids.

Dans les nids, si le temps le permet, on parle aussi d'autres problèmes. Voici quelques titres de discussions de village :

1) Comment pourrait-on obtenir une meilleure récolte ? (blé, maïs, vigne).

2) Quels seront les résultats si nous engraissons la terre ?

3) Le village peut-il envisager de s'acheter une batteuse ?

4) Est-il correct de semer toujours les mêmes sortes de céréales ?

5) Comment faire pour obtenir un meilleur prix sur les produits agricoles ?

6) Comment soigner le bétail, nos compagnons de labeur, pour qu'ils ne

souffrent plus ?

7) Si les volailles étaient mieux nourries en élevage, ne pourraient-elles pas constituer un meilleur revenu pour le fermier ?

8) Comment embellir le village ? Améliore-t-on les routes, les ponts ? Entretien de l'église et de l'école ?

Voici quelques titres de discussions pour nids de jeunes filles ou de jeunes femmes (citadelles) :

1) Le rôle de la femme légionnaire dans la Roumanie nouvelle.

2) Droits et devoirs de la femme légionnaire.

3) La sœur légionnaire comme mère.

4) La sœur légionnaire comme épouse.

5) La sœur légionnaire comme combattante.

6) La sœur légionnaire et la discipline.

7) La femme légionnaire et la femme moderne.

8) Comment faire pour servir un repas plus nourrissant à la famille ?

9) Le plus d'initiative possible dans l'art culinaire.

10) La propreté dans la maison et le soin apporté aux enfants.

11) Comment faire pour confectionner ses vêtements chez soi ?

12) L'éducation des enfants.— À l'église. La confession et la Sainte Communion. L'amour de l'étude et de la lumière, du travail, de la Patrie.

Nids intellectuels.

Voici les titres des conférences tenues par le nid AXA de Bucarest.

1) L'antisémitisme dans le cadre de la Légion. Différence entre les légionnaires et les couzistes (Ion I. Mota).

2) Le problème des minorités dans

l'État roumain.

3) L'enseignement dans l'État roumain.

4) Le problème moral dans la vie publique de la Roumanie. Les écrits immoraux.

5) L'éducation morale du légionnaire.

6) Caractère du légionnaire.

7) La politique agraire. La réforme financière.

8) Le problème ouvrier dans l'État légionnaire.

9) Le capital et le travail roumain.

10) Industrie et agriculture.

11) L'Église dans l'État légionnaire ; le prêtre.

12) La politique extérieure de la Roumanie.

13) La Légion et le marxisme.

14) L'Armée.

Nids d'étudiants et FDC (Confrérie des Frères de Croix).

1) Différence entre la politique des

partis et la politique de la Légion.

2) Différence d'organisation entre le système des partis politiques et le système de la Légion.

3) Les Juifs constituent-ils un danger sans remède ?

4) Les avantages de l'esprit de discipline.

5) Pourquoi le Mouvement Légionnaire peut sauver le pays et pourquoi les autres mouvements ne le peuvent pas.

6) Pourquoi le couzisme ne peut pas vaincre.

7) Le paysan dans l'État légionnaire.

8) Qui est Benito Mussolini ?

9) Qui est Adolf Hitler ?

10) Qui fut Lénine ?

12) L'éducation physique, facteur principal de l'éducation légionnaire.

13) [absent dans l'édition originale]

14) Le fascisme avant et après 1922.

15) Le chant légionnaire.

16) La France nationaliste et la

France socialiste.

17) Comment combattre les prétentions de la Hongrie sur la Transylvanie ?

18) Comment annihiler les tentatives de domination de la Russie sur la Bessarabie ?

19) Comment renforcer les frontières du côté Bulgare ?

20) Comment sauver le Maramourech ?

21) Peut-il exister un art légionnaire ?

22) L'État légionnaire et les Roumains de l'étranger.

Chœurs.

Les nids formés de légionnaires assez jeunes apprennent les chants légionnaires et chantent pendant la séance.

POINT 13 : Décisions.

Les décisions sont prises en fin de séance.

Toute séance doit se terminer par

une prise de décisions, c'est-à-dire en indiquant la tâche que doit accomplir chaque légionnaire jusqu'à la prochaine séance.

Le nid travaille :

a) Selon les ordres reçus des commandants.

b) D'après ses propres initiatives. Le chef de nid peut prendre des initiatives dans plusieurs directions :

1) Élargissement de l'Organisation, c'est-à-dire création de nouveaux nids.

2) Recrutement de fonds par des fêtes, par des ventes de brochures, etc. (excepté les quêtes, qui ne sont permises qu'entre les membres de l'Organisation).

3) Distribution, d'après un plan rigoureusement établi, de la littérature légionnaire dans le monde non-légionnaire.

Chaque nid a devant soi un nombre de personnes connues. Ce peuvent être des amis, des indifférents ou des ennemis. Le nid dresse une liste de leurs noms et adresses.

Puis il se propose de les convaincre petit à petit et de les élever dans la foi légionnaire. Alors, il envoie à chacun une nourriture spirituelle : livres, revues, articles, journaux, photographies, soigneusement choisis selon l'âme de celui qui les lira. Quelqu'un peut être influencé par tel livre, tel article, tel journal ou telle revue qui n'en influenceront pas d'autres. C'est pourquoi le nid réfléchira pour ne rien lancer dans le vide.

Doit-on donner des livres à l'ennemi ? Oui, parce qu'après l'avoir lu aujourd'hui, demain ou après-demain, il commencera à vaciller. Et l'ennemi qui vacille sera vaincu. Cette nourriture spirituelle ne doit pas être envoyée une seule fois. Le nid prend soin des oisillons jusqu'à ce qu'ils aient des ailes. Quand leur âme aura grandi dans la foi, alors, pleins de reconnaissance, ils viendront, ils te chercheront, ils te demanderont : « Que dois-je faire maintenant ? » Tu leur répondras : « Fais ce que j'ai fait moi-même. Nourris-en d'autres, comme je t'ai nourri ».

Le matériel (livres, brochures, etc.) est vendu, mais le plus souvent la personne le trouvera chez elle gratuitement, donné par le nid, en fonction de sa pauvreté, et sans savoir d'où ça lui vient. Grande sera la joie du nid pour chaque homme qu'il arrachera au monde de la haine et transportera dans le monde de la foi légionnaire. Je cite le nid « Avant-garde 13, n°3 », qui a distribué en un mois et demi 37 volumes Aux Légionnaires et 15 Crânes de bois. Les nids de femmes légionnaires, d'enfants, de légionnaires riches ou pauvres, chacun selon ses forces, peuvent accomplir cette œuvre qui donne des résultats extraordinaires pour la Légion.

4) Le nid peut encore prendre l'initiative d'un chantier. C'est-à-dire réparer un pont endommagé, un fossé, une route, une haie, aider un enfant malade, réparer la maison d'un vieillard

ou d'une veuve, entretenir les tombes abandonnées.

Le chef de nid posera à chaque séance cette question impérieuse :

-Que devons-nous faire pour élargir encore notre Organisation ?

-En quoi pouvons-nous aider la Légion ?

Chaque membre du nid réfléchit et l'un dit : « Faisons encore des nids dans notre village, ou dans notre Faculté », si c'est un étudiant, etc.

Un autre dit : « Dans le village voisin, il n'y a pas de nid, allons en faire là-bas ».

Un autre dit : « Aidons la Légion matériellement. Car ayant de l'argent, les légionnaires pourvoiront leur Organisation de tout ce dont elle a besoin pour la lutte (soutenir un journal, acheter une camionnette, des brochures, etc.).

Le travail de chaque nid est d'une importance considérable.

Un nid ne peut pas se constituer, puis ne plus rien faire, ne plus donner signe de vie. Le nid qui ne travaille pas, qui ne bouge pas et ne donne aucun signe de vie, est inscrit sous le nom de nid mort dans le catalogue de la Légion.

POINT 14 : L'initiative du chef de nid.

L'initiative est la plus belle fleur que peut porter un commandant.

Le chef qui assume la responsabilité de l'initiative doit savoir qu'elle peut entraîner le développement de l'Organisation, mais qu'elle peut causer également beaucoup de mal selon qu'un chef l'emploie en bien ou en mal.

Spécialement, il ne lui est pas permis :

a) d'imprimer quoi que ce soit au nom de l'Organisation sans l'approbation du Bureau central de la presse légionnaire.

b) d'écrire des lettres ou des ordres au contenu irréfléchi et qui pourraient être mal interprétés par la personne à laquelle ils sont adressés ou par l'adversaire.

c) il lui est défendu de mêler son unité à des actions désordonnées, à des excès, à des scandales, à des dissipations, etc.

d) il lui est défendu de traiter ou de conclure un accord politique avec les hommes d'un autre groupement sans l'autorisation directe du Chef de la Légion.

e) en général, le chef, comme d'ailleurs tout légionnaire, doit faire attention de n'accomplir aucune action, de ne se mêler à aucune action qui pourrait faire péricliter, qui pourrait compromettre la Légion ou lui nuire.

Quand prenons-nous l'initiative ?

a) on prend l'initiative là où il n'y a pas d'ordre précis de la part des chefs hiérarchiques. S'il y a un ordre, on l'exécute.

b) si entre-temps la situation a changé, le chef de nid, comme tout commandant, prend l'initiative de mesures dont il assume la responsabilité, mais en toute lucidité, pour que l'Organisation en tire le plus grand profit.

c) si par hasard il y a dans l'endroit un chef légionnaire supérieur au chef de nid, celui-ci n'a plus l'initiative. C'est le légionnaire le plus élevé en grade qui prend le commandement, la responsabilité et l'initiative.

En dehors de ces cas prévus, le chef de nid a une large possibilité d'initiative. Il prendra des décisions de sa propre autorité et en accord avec tous les membres du nid, dans le but de servir la cause légionnaire.

Dès qu'il a pris une initiative, il en instruit le chef de garnison. Après l'avoir exécutée, il renouvelle son rapport.

« J'apporte à votre connaissance que la décision prise par nous pour exécuter...... nous l'avons accomplie aujourd'hui, en nous réjouissant d'avoir pu la mener à bonne fin ».

Le Chef de la Légion juge un chef

légionnaire d'après les initiatives dont il s'est montré capable. Les meilleurs chefs et les meilleurs nids sont ceux qui prennent les meilleures initiatives et les exécutent.

POINT 15 : L'exécution des ordres.

Lorsqu'un légionnaire ou un nid reçoit un ordre, c'est une question d'honneur que de l'exécuter, en passant par l'eau et par le feu s'il le faut. C'est à cela que l'on juge les capacités d'un légionnaire.

Quand le Chef de la Légion donne le signal d'une « bataille légionnaire », comme le serait, par exemple, l'achat d'une camionnette, la parution d'un journal, l'achat d'une imprimerie, les nids, comme des abeilles se surpassant les unes les autres en vitesse et en application, doivent se présenter chacun avec ce qu'ils peuvent donner.

Chaque fois qu'une telle occasion se présente, tous les nids doivent rivaliser en une course folle pour la victoire légionnaire.

Est-il possible qu'un nid reste en dehors de la lutte, qu'il n'apporte pas sa contribution, si modeste soit-elle ?

C'est à cette lutte qu'on pourra voir ceux qui méritent de s'élever dans ce monde légionnaire nouveau, et ceux qui doivent rester là où ils sont.

POINT 16 : Clôture de la séance.

Les membres du nid se lèvent, face à l'Est. Ils saluent le bras levé vers le ciel. Tous répètent après le Chef du nid :

-Je jure de ne jamais trahir la Légion.

Après quoi les légionnaires se séparent de bonne humeur en pensant aux décisions qu'ils doivent exécuter. On verra, à la séance suivante ce qui aura été exécuté des décisions prises.

POINT 16 bis : La marche légionnaire

Le dimanche et les jours de fête, les nids de toutes catégories (FDC, Citadelles, etc.) doivent prendre l'habitude de partir en marche. Nous ne connaissons pas notre pays. Certains ne connaissent même pas le village voisin.
Les jours de fête, qu'il pleuve ou qu'il fasse beau, hiver comme été, allons dans la nature.

Que le sol roumain devienne une fourmilière où, sur chaque route, des milliers de nids se rencontrent, affairés dans toutes les directions.

Qu'ils s'arrêtent, pendant le Service divin, à l'église la plus proche. Qu'ils s'arrêtent chez les camarades du village voisin. La marche est saine. La marche repose et refait les nerfs et l'âme humaine. Mais, avant tout, la marche est le symbole de l'action, de l'exploration, de la conquête légionnaire. On marche en ordre, au pas viril.

PARTIE II. DE L'ORGANISATION,

Différentes sortes de nids. Leur encadrement.

POINT 17 : Nid supérieur et famille de nids.

Chaque membre peut, après avoir été assez longtemps dans un nid et avoir reçu l'éducation légionnaire, se détacher de ce nid et former un autre nid dont il sera le chef.

Si un minimum de trois membres se détachent d'un nid en formant chacun son nid, l'ancien nid devient un nid supérieur.

Un nid supérieur peut s'étendre aussi sur dix villages, il peut créer un nid nouveau dans chacun d'eux. Chacun est libre de s'étendre selon ses forces, de manière qu'un nid donnant naissance à plusieurs, tous ceux-là forment une sorte de famille. C'est-à-dire que le nid qui s'est formé en premier forme, avec tous ceux qui en sont nés, une famille. Chaque nid de la famille a un chef, mais le chef du premier nid est leur supérieur à tous.

POINT 18 : Nids encadrés.

Les nids d'un village, d'une commune, d'une ville, d'une usine, d'une faculté, etc. doivent être en contact. Pourquoi ? Pour ne pas s'affronter sur différentes questions. (Que les uns ne soient pas d'un avis, les autres d'un avis différent). Tous les légionnaires n'ont qu'un seul avis, une seule pensée, une seule âme. C'est pourquoi ils doivent avoir tous un chef.

Qui est le chef dans un village ?

Si dans un village il y a une seule famille de nids, le chef du premier nid est le chef des légionnaires du village.

S'il y a deux familles de nids, le chef du village ou le chef de la garnison légionnaire servira un mois à tour de rôle.

Le chef de l'une des familles de nids

sera chef de garnison pour un mois, le chef de l'autre famille pendant le mois suivant. S'il y a plusieurs familles, chacun servira un mois à tour de rôle.

Quand le chef de garnison change, il rédige un procès-verbal de remise et réception du commandement, qu'il envoie au chef du département, afin que celui-ci sache qui exerce le commandement pour ce mois.

Plus tard, quand les nids se multiplient, on nomme encore des chefs de secteur, pour faire la liaison et prendre soin de tous les nids de la région. Le chef de secteur est nommé par la direction centrale de la Légion d'après la proposition du chef départemental. Il sera recruté parmi les chefs de garnison les plus capables. En cas de victoire légionnaire, ce n'est ni le chef de secteur, ni le chef d'une famille de nids qui sera maire dans une commune, mais l'homme le plus capable que la Légion aura dans cette commune. Il sera cependant contrôlé par les chefs légionnaires de la commune.

POINT 19 : Appel des chefs de nids. L'école des cadres.

Le chef de la Garnison Légionnaire ou le chef d'un nid supérieur convoque, de temps en temps, les chefs des nids qui lui sont subordonnés à une réunion, afin de s'informer de leurs activités, de leur communiquer les ordres ou pour prendre une décision. À cette occasion on fait, avec les chefs de nids, l'école des cadres, c'est-à-dire l'école qui enseignera au chef de nid : l'organisation, l'esprit légionnaire, ce que veut et ce que fera la Légion, les devoirs d'un chef légionnaire, enseignés d'après la présente brochure.

Le chef politique départemental réunit ses subalternes (chefs d'unités, de citadelles, etc., Secteur, État-major) au moins une fois par quinzaine. Lorsqu'il réunit ses subordonnés pour leur donner des directives ou pour leur faire l'instruction légionnaire, le chef ne les invite pas et ne leur sert pas un verre, comme dans le monde de la démocratie.

Le chef légionnaire se présente comme un commandant de régiment qui réunit ses officiers subalternes avant le combat afin de leur passer des ordres.

Il se tiendra debout, au garde-à-vous. Il sera ceint, symbole de force. Les autres, en demi- cercle, se tiendront correctement, attentifs, sérieux, conscients de servir en ce moment leur peuple, comme le prêtre sur les marches de l'autel. Ils seront également ceints. On fera l'appel. On donnera le rapport. On chantera. Suivra la même formalité d'ouverture et de clôture que pour la séance de nid.

Formation pour le corps des légionnaires.

À la venue d'un chef, le corps des légionnaires se tiendra en carré ou en rond.

POINT 20 : Un rôle important des chefs de Garnison légionnaire.

Les chefs de garnison légionnaire d'une commune ont encore une grande importance en matière d'organisation villageoise. C'est-à-dire : après que les nids légionnaires se soient multipliés, les chefs de garnison se réunissent et séparent, d'un commun accord, les nids des jeunes de 18 à 27 ans, et même à 30 ans.

Tous ces nids de jeunesse s'appellent « Le groupe de légionnaires de la commune X ». Les chefs de garnison légionnaire nomment en tête de ces nids le meilleur d'entre les chefs de nids (ayant en vue celui qui a créé le plus de nids et celui qui a le plus de qualités de chef), et ils demanderont confirmation au Chef de la Légion.

Au cas où il y en aurait deux aussi méritants, ils serviront à tour de rôle. Ils obéiront aux ordres du chef de garnison légionnaire.

POINT 21 : Un autre rôle des chefs de garnison.

C'est celui de veiller à ce qu'il n'y ait pas de discorde entre les légionnaires. Nulle autre ambition que la victoire. Il cherchera, avec beaucoup de compréhension, à apaiser tout conflit. Ce n'est pas le plus têtu qui est le plus grand aux yeux du Chef de la Légion, mais celui qui sait se soumettre aux intérêts de la Légion, sacrifier de son orgueil, de ses ambitions, pour la victoire.

POINT 22 : Combien y a-t-il de sortes de nids dans la Légion ?

1) Nids dénommés « Confréries des Frères de Croix » (FDC).
Ils ne comprennent que les jeunes gens entre 14 et 20 ans, élevés dans différentes écoles.
Les FDC n'existent que dans les villes.
Le rôle de ces nids est celui de faire l'éducation de la jeunesse roumaine. C'est-à-dire :
a) L'éducation chrétienne. Ils doivent croire en Dieu, L'aimer, et se

comporter selon la loi chrétienne. Il y a énormément de littérature immorale qui tue l'âme de l'enfant. Il doit être préservé de ce poison.

b) L'éducation nationale : le jeune Roumain doit aimer sa Patrie, sa terre et son Roi. Sans Patrie, il serait comme un oisillon sans nid. Il doit être préservé de la littérature communiste qui se lève contre Dieu, contre la Patrie, contre la famille, contre la Propriété et contre l'Armée.

c) L'éducation sociale : les sentiments chrétiens de justice et d'équité sociale et la soif du travail créateur doivent être cultivés et maintenus dans l'âme de notre jeunesse.

d) L'éducation physique : l'enfant doit être robuste et sain de corps, parce que c'est lui qui sera le soldat de demain, c'est lui qui défendra cette terre (La Légion sportive).

e) L'éducation sanitaire : il doit être préservé d'innombrables maladies, spécialement des maladies vénériennes qui dessèchent tout l'élan de la jeunesse.

En un mot, nous devons prendre soin du Roumain de demain, qui portera sur ses épaules la grande responsabilité de l'existence de la Patrie.

POINT 23.

2) Nids de jeunes filles (dames) désignés aussi comme « citadelles » quand ils sont formés par des élèves des écoles supérieures ayant le même but éducatif. Demain, elles seront mères. Et l'enfant sera selon l'éducation que lui donnera sa mère. Elles aident la Légion par leur travail et en propageant les idées légionnaires.

POINT 24.

3) Le corps des légionnaires de 21 ans à 28 ans.

Tous les nids ayant des membres de cet âge forment le corps des légionnaires. Exceptionnellement, on y admet aussi sous cette limite d'âge les membres des nids de village où il n'y a pas de FDC

Ce sont les membres les plus actifs de la Légion. En plus de l'éducation, ils font circuler et répandent nos croyances.

Ils font de la politique et la politique est une lutte où celui qui aura l'âme la mieux trempée sera vainqueur. Celui qui se montrera le plus décidé, le plus patient, le plus discipliné et le plus actif.

Éducation de l'action créatrice.

Lui, le légionnaire, sera celui qui, par son travail, bâtira la Roumanie nouvelle, non pas pour y gagner, mais animé du désir de la voir devenir un pays puissant. C'est l'éducation du sacrifice qui doit lui être faite et non pas celle du gain, car ce n'est qu'en sacrifiant tout que nous pourrons avoir un pays riche et beau. L'éducation à la discipline sévère doit lui être faite, car ce ne sont que les efforts unis, disciplinés, de tous, qui peuvent avoir les effets désirés.

POINT 25.

4) Les étudiants légionnaires d'une université s'organisent de la manière suivante : tous les nids légionnaires d'un département forment le groupe estudiantin départemental, portant le nom d'un département donné, et soumis aux ordres du meilleur légionnaire.

Tous les groupes estudiantins départementaux d'une université forment le centre estudiantin légionnaire, sous le commandement d'un chef légionnaire aidé par tous les chefs de groupes légionnaires.

Les chefs de groupes et de centres estudiantins sont nommés chaque année par le grand conseil universitaire légionnaire qui travaille sous la présidence du chef de la Légion. Ce conseil est formé des présidents des centres universitaires et de cinq chefs de groupes légionnaires estudiantins élus automatiquement chaque année par ordre alphabétique départemental. Dans le cas d'une festivité particulière, tous les chefs d'unités légionnaires (nids, groupes et centres) peuvent prendre part à ce conseil.

Un chef légionnaire de n'importe quelle unité ne peut pas occuper en même temps une fonction dans l'un des comités estudiantins d'organisation générale : cercles, sociétés des facultés, centres, etc. Il déléguera, pour ces fonctions, un légionnaire sous son commandement, ou, s'il est nécessaire qu'il y entre personnellement, il remettra son commandement légionnaire à un autre.

POINT 26.

5) L'organisation politique proprement dite : ce sont les nids d'hommes plus âgés qui, eux aussi, feront leur éducation dans le sens légionnaire, agiront dans la politique, protégeront et guideront les plus jeunes.

Le chef politique départemental a le commandement ; il surveille et guide en même temps l'activité des autres unités légionnaires.

POINT 27.

Tous ces nids ont leurs commandements séparés dans chaque département et au centre. Ainsi, il y a dans chaque département :

-le chef des FDC

-la cheftaine des citadelles de jeunes filles ou de dames.

-le chef du corps des légionnaires.

-le chef du corps des ouvriers.

-le chef de l'organisation politique.

Tous ceux-ci font partie de droit de l'État-major départemental, respectant le chef de l'organisation politique départementale et lui obéissant.

Au Centre, il y a :

-le commandement des FDC

-le commandement des Citadelles

de jeunes filles.

-le commandement du Corps estudiantin Légionnaire.

-le commandement du Corps ouvrier Légionnaire.

-le commandement de l'Organisation politique.

Tous ceux-ci sont sous les ordres du Chef de la Légion.

POINT 28.

En règle générale, tous ces chefs changent annuellement.

Les chefs de l'organisation politique peuvent rester deux ans ou plus, avec l'approbation du Chef de la Légion.

Chaque chef a soin de former son successeur à temps.

Les anciens chefs passent à une situation supérieure et ils prennent toujours soin de guider et de conseiller les chefs actuels et de surveiller le bon état de l'organisation entière. Ils assistent à toute séance et donnent toujours leur avis.

Ils exercent surtout la fonction de juge pour toute mésentente ou conflit entre légionnaires, tâchant de réconcilier tout le monde par leur sagesse et leur expérience et de préserver l'Organisation de la plus grande faute : la mésentente, la dissension.

PARTIE III. Conseils aux chefs de nids pour que l'unité qu'ils commandent puisse faire des progrès.

POINT 29.

1) Comment doit être et comment doit se comporter un chef.

Un chef doit être un sage. Il doit réfléchir profondément avant de prendre une décision pour qu'elle soit bonne. La décision doit être prise rapidement et menée à bien.

Il doit être doux et aimer les hommes soumis à ses ordres et à son commandement.

Il doit être de bonne humeur. C'est ainsi qu'il doit apparaître devant ceux qu'il conduit, et non revêche, sombre ou nerveux.

Il doit être juste envers les légionnaires et envers tout le monde. Il ne sera pas injuste à l'égard de l'adversaire non plus. Il le combattra et le vaincra, mais par les voies de la justice, de la morale, et non pas par la lâcheté ou par le mensonge.

Il doit être courageux et décidé à l'heure du danger. Ainsi, par exemple, s'il voit un homme en péril : le devoir d'honneur d'un légionnaire est de se précipiter à son secours en bravant le danger (noyade, incendie, etc.).

Il doit partager les joies et les souffrances de ses camarades.

Dans n'importe quelle occasion de la vie, pas seulement de la vie légionnaire, il doit choisir la position la plus difficile. Un légionnaire ne se précipite pas pour prendre la meilleure place à table ou le meilleur lit pour dormir.

Il doit être habile, c'est-à-dire mener tout ordre à bonne fin, en employant les moyens les plus intelligents.

Il doit commander clairement et conduire ses hommes à la victoire.

Il ne doit pas médire de ses camarades. Il ne doit pas permettre qu'on médise d'autrui auprès de lui.

Il doit savoir garder l'harmonie dans l'unité qu'il conduit. Elle est d'importance capitale. Un chef, aurait-il toutes les qualités du monde, doit être immédiatement remplacé s'il y a de la discorde, des disputes et des dissidences dans l'unité qu'il commande. Il y a des chefs qui, dès qu'ils prennent le commandement d'une unité, provoquent sa dissolution.

Il doit être poli et aimable envers tout le monde. Qu'il ne brusque pas les gens, les éloignant ainsi au lieu de les attirer.

Il doit avoir de la mesure en tout. Par exemple, on ne peut concevoir ni un chef, ni un légionnaire ivre. Le légionnaire peut s'amuser, mais il ne s'enivre pas.

Il doit tenir sa parole.

Il doit être d'une probité qui lui vaut l'estime de tous ceux qui le fréquentent. En un mot, il doit se comporter de manière que l'on puisse dire : « On peut avoir confiance en un légionnaire, car lorsqu'il prend quelque chose en charge, il l'assume jusqu'au bout ».

Le chef des légionnaires est un homme exceptionnel qui sait se tirer de n'importe quelle situation, si difficile soit-elle. Il doit vaincre. S'il vient à tomber, il se redresse et se porte de nouveau vers la victoire.

Ce n'est que doué de telles qualités qu'un chef légionnaire pourra, par l'école de son nid et par la force de l'exemple, transformer chaque Roumain en créant une âme nouvelle, un vrai caractère, qui saura vaincre en n'importe quelle circonstance, et dont le pays pourra s'enorgueillir.

POINT 30.

2) À quoi un chef légionnaire doit-il prendre garde ?

a) À ne pas se laisser séduire. Les adversaires ont deux voies de combat. La première est l'attaque de front pour nous écraser. S'ils voient que nous résistons et que nous ne sommes pas écrasés, ils essaient la seconde voie, la séduction de quelques hommes pour notre division.

Un exemple : le procès de Vacaresti du 28 mars 1924. Ce procès visait à notre écrasement. Mais nous avons résisté et nous en sommes sortis vainqueurs, c'est-à-dire acquittés. Certaines personnes de haute situation se montraient amicales à notre égard (après le procès), elles nous invitaient à table, nous couvraient de louanges : que nous sommes bons, doués, que nous irions loin, etc.

En même temps, elles essayaient de nous désunir, en médisant d'autres camarades.

Nous avons saisi cette attaque et ce que nous entendions, ce que nous voyions, nous nous le communiquions. Et l'attaque est tombée. Et nous, dix ans après, nous sommes aussi unis qu'au premier jour.

Aujourd'hui, c'est le premier moyen qui est employé contre le Mouvement Légionnaire : la tentative d'écrasement. Mais lorsqu'ils verront qu'ils ne peuvent nous écraser, ils essaieront le second moyen : nous diviser par la séduction. Ne voyez-vous pas comment, toujours par la séduction, tous les partis politiques de la Roumanie se sont divisés ? Les libéraux en deux, les averescains en deux et maintenant, finalement, les nationaux paysans sont prêts à se laisser diviser en deux. Ils essaieront cela avec nous, mais nous y serons préparés et nous vaincrons.

POINT 31.

Que doit faire un chef légionnaire quand il sent venir l'attaque de la séduction ?

Il doit la porter tout de suite à la connaissance de son chef et du Chef de la Légion. Et le dire ouvertement au nid dont il fait partie. C'est-à-dire dévoiler les machinations ennemies.

POINT 32.

b) une chose qui n'existe pas dans la Légion : « Je suis fâché avec un tel, je pars ». S'il se dispute avec quelqu'un, avec un camarade, le légionnaire doit se réconcilier. En tout cas, il ne peut pas quitter la Légion pour cette raison, car il ne peut pas se fâcher contre la Légion, c'est-à-dire contre la lutte du salut pour la Patrie. Et s'il s'en va, sa faute est très grave vis-à-vis de tous les légionnaires, vis-à-vis du drapeau de la Légion, et vis-à-vis de sa nation.

On peut quitter la Légion lorsqu'on a cessé de croire, mais pas par colère.

POINT 33 : La lutte entre chefs légionnaires.

Si un chef légionnaire commence, par jalousie, à médire d'un camarade devant les hommes du nid ou du village, il commet un faute grave. Cette attitude conduit à la division des légionnaires, à la lutte entre eux et à la victoire de l'ennemi.

Pour la Légion, une telle attitude est tellement grave qu'elle équivaut presque à une trahison. Quoi ? Sacrifier la Légion à tes ambitions ?

Une fois devenus légionnaires, même deux antagonistes cessent de se disputer, de médire l'un de l'autre : chacun lutte dans le cadre de ses fonctions pour servir fidèlement la cause légionnaire et la victoire de demain.

POINT 34 : L'esprit négatif.

Un autre mal dont le chef légionnaire doit se protéger et protéger les hommes de son nid, mal d'autant plus dangereux qu'il entraîne des désaccords au sein de l'Organisation et qu'il coupe les ailes aux grandes inspirations, c'est la critique, la critique sous la forme de l'éternel mécontentement.

Il y a des gens qui, quoiqu'on dise ou quoiqu'on fasse, trouvent toujours à redire. Ils freinent toute initiative créatrice et coupent l'élan de l'action.

Notre Organisation n'est ni critique, ni velléitaire. Elle est animée d'un esprit positif, combatif, offensif. Laissons aux historiens le soin de nous critiquer. Nous sommes là, nous, pour conquérir, et pour acquérir agir.

POINT 35.

Tous les chefs et tous les légionnaires doivent s'accorder sur toutes les questions qui intéressent notre Organisation.

Exemple : ce qui s'est passé à la Faculté de Lettres de Bucarest pour l'élection du président et du comité : le légionnaire X s'est présenté sur une liste, le légionnaire Y sur une autre. Les légionnaires se trouvaient ainsi divisés en deux clans. À l'avenir, ils ne commettront plus une telle faute. Ils marcheront unis, même sur une fausse route, car la division est le pire chemin.

Si la troupe légionnaire allait en enfer unie, elle vaincrait l'enfer et reviendrait victorieuse.

Exemple : à l'élection d'un maire dans une commune, si les chefs décident de voter pour tel ou tel, pas un seul légionnaire ne doit voter pour un autre ou se lancer dans la critique.

Tous en une seule pensée et en une seule âme.

Et les adversaires diront : « Tâchons d'entrer dans les bonnes grâces des légionnaires, car ce sont des hommes d'une seule pièce, résolus et unis. Celui pour lequel ils voteront sera élu, car ils vont tous d'un seul côté ».

PARTIE IV. Le recrutement des membres.

POINT 36.

Le chef de nid, lorsqu'il recrute ses membres, doit avoir soin de rechercher les éléments les plus énergiques, ayant un sentiment développé de la dignité. Les malhonnêtes, les querelleurs, les amateurs de scandale, les vaniteux, les fanfarons, ceux qui sont imbus d'eux-mêmes, les lâches, doivent être laissés en dehors de l'Organisation.

Pour avoir la certitude que ces dernières catégories d'individus n'entrent pas dans l'Organisation, le nombre des légionnaires ne pourra dépasser la moitié des habitants d'un village.

Ce nombre atteint, plus personne ne pourra être reçu, ou seulement si des places deviennent vacantes.

En tout cas, l'Organisation doit être préservée des querelleurs invétérés.

Dès qu'un membre du nid est incapable de vivre en bonne entente avec les autres, il doit quitter l'Organisation.

Mieux vaut être moins nombreux et vivre en pleine fraternité, en communion, que plus nombreux et se disputer.

Le chef de nid tâchera de préserver l'Organisation des agents provocateurs ou des espions envoyés par les politiciens, ainsi que de certains escrocs professionnels.

PARTIE V. L'uniforme légionnaire.

POINT 37.

Il existe dans toute l'Europe un courant en faveur de l'introduction des vertus militaires dans la vie publique. Au lieu de la démagogie et des longs discours, le monde veut la phrase brève, claire et précise du soldat. Au lieu des atermoiements propres à l'heure actuelle, le monde veut une décision ferme et rapide. Au lieu des comités démocratiques qui discutent et se disputent sans parvenir à aucune décision, le monde veut un Chef et la discipline pour tous (aidé par des comités de volontaires s'entend).

Au lieu du découragement, le monde veut la confiance, la bonne humeur, la fierté militaire. Au lieu de la paresse, le monde veut du travail du matin au soir, pour tous, et non pas les trois quarts au travail et le plaisir pour les autres.

Au lieu de la soif du gain, de la recherche du profit par la politique, le monde veut le sacrifice pour la Patrie, comme celui du soldat sur le champ de bataille. Lui, il ne cherche aucun profit, il donne tout : son travail, son âme, sa vie pour son pays. C'est ce dont nous avons besoin. Si tous les politiciens en donnaient autant pour leur pays, comme la Roumanie serait heureuse ! Voilà ce que fera l'école légionnaire. Aux divisions et aux disputes, nous substituons la belle camaraderie du soldat, l'unité de la nation entière, comme celle d'une troupe. Une seule pensée : la Patrie ; un seul Drapeau, un seul Dieu, un seul Roi, un seul Chef ; une seule volonté : celle de les servir fidèlement jusqu'à la mort. Le légionnaire s'est fait un uniforme, parce que derrière lui il y a toutes les grandes vertus militaires qui relèvent les peuples et leur font vaincre toutes les difficultés. L'uniforme : chemise verte, ceinture à bandoulière.

POINT 38 : Interdiction des uniformes.

Le gouvernement a interdit par décret le port des uniformes. Une fois la loi votée, nous devons nous y soumettre. Les légionnaires ne se montreront plus en public vêtus de l'uniforme.

Mais nous n'y renonçons pas. Nous nous confectionnerons des uniformes et nous ne les revêtirons que les jours de fête chez nous, où nous sommes les maîtres et libres de nous habiller comme nous le voulons. Nous les porterons avec amour, en attendant l'heure où les législateurs seront convaincus que ces beaux uniformes ne sont pas un danger pour le pays, mais au contraire un grand bien pour lui.

Il ne devrait pas y avoir de légionnaire qui n'ait son uniforme chez lui, qui ne s'en revête les jours de fête, ou lorsqu'il veut honorer un invité, un hôte.

Ce ne sera jour de fête dans la maison d'un légionnaire que quand sa famille et lui auront revêtu la belle chemise verte, symbole du printemps du peuple roumain.

POINT 39 : Grades et fonctions.

Le nouveau venu dans la Légion est appelé membre.
Au bout de trois ans, il peut être avancé au grade de Légionnaire.

Viennent ensuite :
-Instructeur légionnaire.
-Commandant auxiliaire.
-Commandant légionnaire.
-Commandant de l'Annonciation.
-Sénateur légionnaire à titre honorifique.

Fonctions :
-Chef de nid.
-Chef de garnison.
-Chef d'arrondissement.
-Chef d'équipe, de camp, de

chantier. -Chef de corps légionnaire.

-Chef de département.

-Chef de région.

La fonction n'est pas obligatoirement occupée par un grade. Elle donne l'honneur du rang (grade).

PARTIE VI.

POINT 40 : La camaraderie, la discipline et la confiance dans les chefs.

Une organisation ne peut jamais obtenir la victoire sans l'union. Les organisations dont l'unité est fragile se déchirent le plus souvent à l'aube de la victoire (c'est-à-dire que l'ennemi les déchire par ses intrigues). Les fractions se mettent à lutter les unes contre les autres. À cet instant, tout est perdu. Une seule chose arrive : la victoire de l'ennemi. C'est pourquoi toute organisation doit assurer son unité par deux lignes de force :

1) La camaraderie, la fraternité sainte qui unit tous les combattants ;

2) La discipline, cette force extérieure qui harmonise toutes les volontés pour la réalisation du même but.

Un chef légionnaire doit donc être

discipliné, il doit avoir confiance en ses chefs. La camaraderie, la confiance en ses chefs et la discipline se complètent en ce que les deux premières vont de bas en haut, et la troisième va de haut en bas, de sorte que l'unité est assurée, même si des éléments subalternes sont d'un autre avis, voire d'un avis contraire. C'est pourquoi l'éducation à la discipline est comme une grande soupape de sûreté qui assure l'unité, donc la victoire, lorsque les autres moyens sont épuisés.

Le chef de nid tâchera de développer en toutes circonstances ce sens de la discipline, et il le fera avant tout par l'exemple.

Il ne faut pas oublier que la discipline librement consentie est d'essence supérieure, car elle suppose un renoncement de la personnalité, et tout renoncement pour un but grandiose est d'essence spirituelle supérieure.

POINT 41 : Des punitions.

Nous n'insisterons pas sur les

punitions dans le monde légionnaire, car nous présumons qu'elles ne seront pas nécessaires. En tout cas, les punitions commencent par une première remontrance, une deuxième, une troisième, l'exclusion du combat pour un mois, deux mois, trois mois, six mois, et jusqu'à l'exclusion définitive de l'Organisation. De même : on enlève le commandement pour un temps limité ou illimité. Les chefs départementaux et les commandants des corps légionnaires peuvent infliger des sanctions allant jusqu'à l'exclusion de la lutte pour deux mois. Au-delà, seul le Chef de la Légion peut décider.

Mais c'est la manière digne, admirable, compréhensive dont un légionnaire accepte et exécute sa punition qui est la plus importante. Il reconnaît sa faute, ne se fâche ni ne se révolte, et décide de reconquérir sa place par une attitude digne.

En tout cas, le refus d'exécuter un ordre constitue une des plus grandes fautes possibles, quand il est volontaire. Et si la chose se répète, le légionnaire devra quitter l'Organisation.

PARTIE VII.Le chef de nid durant la campagne électorale.

Comme on l'a bien vu jusqu'ici, la campagne électorale n'est pas un but pour le légionnaire, mais elle a une grande importance parce que c'est la seule voie légale dont nous disposions pour apporter les changements que nous désirons dans notre pays.

Le destin du pays pour trois, quatre ans ou davantage se décide le jour des élections. L'électeur est le maître du pays. Ce qu'il décidera par son vote sera décisif. C'est justement pour cela que les acheteurs d'âmes des partis politiques vont, ce jour-là, acheter des votes avec de l'argent, avec de la boisson et des repas. À la débauche politicienne opposons, nous, la foi en des jours meilleurs pour le peuple roumain, et nous vaincrons comme nous avons vaincu à Tutova, Neamt, etc.

Voilà pourquoi le chef du nid devra donner une grande importance à la campagne électorale.

POINT 42.

Le légionnaire ne fait pas de promesses électorales. La veille de la campagne électorale, les hommes politiques commencent à faire des promesses.

Un chef légionnaire ne promettra que ce qu'il sait possible. Nous ne promettons pas de l'argent, nous ne promettons pas de l'eau-de-vie, nous ne promettons pas des emplois. Nous n'achetons pas des âmes humaines avec de l'argent. Ceux qui viennent au nom de Dieu ne font pas cela. Il n'y a que celui qui vient au nom de Satan qui achète les âmes.

Un chef légionnaire dira :

Nous ne promettons pas de l'argent, nous promettons la justice. Nous ne promettons pas de te rendre un service à toi, mais nous promettons de travailler, de lutter pour notre pays.

Celui qui veut lutter pour la justice et

pour la probité dans le pays, celui qui veut travailler pour la Patrie, celui qui veut s'immoler, qu'il vienne avec nous.

Sera-t-il bien ainsi ? Oui, parce que les choses se passent dans un pays comme dans une ferme. Si la terre est bonne mais que le fermier est paresseux, prodigue, s'il boit tout ce qu'il a, s'il ne fait que se quereller toute la journée, la ferme ira à la faillite et les enfants seront très malheureux. Ils seront, eux aussi, misérables et affamés.

Mais si le fermier est remplacé par un homme honnête, laborieux, la ferme prospérera et les enfants resplendiront aussi comme des fleurs.

Notre Pays n'est-il pas comme une ferme pourvue de tout le nécessaire ? Nous, les Roumains, ne sommes-nous pas les enfants de cette ferme ? Et ne sommes-nous pas misérables et affamés ? Mais quand le fermier changera, alors nous ne le serons plus. Cela, c'est la Légion qui la fera. Elle changera les fermiers, c'est-à-dire les gouvernements de partis, elle fera un gouvernement légionnaire.

Voilà l'unique promesse que fait le légionnaire à la veille des élections et en toute occasion.

POINT 43 : Quel est notre but ? À quoi devons-nous aboutir ?

Le chef du nid doit instruire les légionnaires en leur disant que notre but n'est pas de faire élire un nombre de 5, 10, ou 20 députés. Il est beaucoup plus élevé, beaucoup plus saint et beaucoup plus difficile.

Nous devons faire en sorte que toute la Roumanie devienne légionnaire. Le nouvel esprit légionnaire doit gouverner. Le pays doit être conduit selon la volonté des légionnaires. C'est pourquoi un député légionnaire élu dans un département doit courir cinq ou six autres départements pour prêcher la nouvelle foi et appeler à la vie tous les Roumains en préparant l'heure de la victoire.

Les uns disent : « oui, il est venu une fois chez nous, nous l'avons élu et maintenant c'est fini, il ne vient plus ».

Réponse : comment faire s'il y a 71 départements avec 71 chefs-lieux et 10 000 communes où il doit aller sur ordre du Chef de la Légion, pour créer de nouveaux nids, pour organiser et préparer la grande victoire ? Si nous allions dans chaque commune, cela signifierait 10 000 journées ou trente années. Vous voyez à quel point il est difficile d'aller une seule fois dans une commune, et à plus forte raison plusieurs fois !

Toute une vie ne nous suffirait pas. Les légionnaires doivent le comprendre et l'expliquer autour d'eux. Ils doivent se réjouir de constater qu'il y a trois ans nous n'avions d'implantations que dans les départements Cahul, Covurlui et Neamt et dans trois ou quatre autres, et que maintenant nous en avons dans cinquante.

D'autres disent : « On les a élus, ceux de la Légion. Mais eux non plus, ils n'ont rien fait ». Les légionnaires répondront :

« Les députés légionnaires, même s'ils étaient trente ou quarante, ne pourraient pas faire grand'chose. Attendez que les légionnaires remportent la victoire dans le pays, qu'ils s'y répandent d'un bout à l'autre, c'est alors que vous verrez les grandes réformes qu'ils apporteront. Les lois que les légionnaires ont préparées sont les lois de justice que le peuple attend depuis longtemps. »

Celui qui croit à la victoire finale, celui qui sait lutter jusqu'au bout est un vrai légionnaire. Celui qui n'a pas de doute se réjouira en vérité à l'heure de la victoire, quand la Nation roumaine se sera tracé, par sa volonté, un chemin nouveau, un chemin de victoire.

POINT 44 : Suppliques.

Les députés légionnaires, aussitôt

après les élections, ont reçu des milliers de suppliques. Certains demandent de l'argent, d'autres un emploi, d'autres du bois gratuit, d'autres de la terre.

Un légionnaire ne demande pas. Il dit : « Nous n'avons pas besoin d'argent ou de services. Donnez-nous des lois justes, nous gagnerons notre argent par notre travail ».

Les députés légionnaires ne courent pas les ministères avec 2 000 suppliques pour 2 000 personnes, alors que 14 millions de paysans, d'employés, d'ouvriers attendent encore et toujours que justice leur soit faite.

Les députés légionnaires n'enrichissent pas cinq ou six adeptes dans un village, comme le font les partis politiques, alors que le peuple, misérable, passe sa vie sous le joug.

En outre, si un député légionnaire prie un ministre de lui rendre un service pour quelques-uns, le lendemain ce même ministre lui demandera de fermer les yeux sur les lois qu'il propose, de ne plus les combattre.

C'est pourquoi les chefs légionnaires doivent expliquer tout cela à tous leurs hommes et leur faire la vraie école légionnaire.

Ils doivent dire à tous :

« Nous, si nous sommes entrés dans la Légion, nous ne demandons rien pour nous, mais nous donnons. Nous donnons l'âme, nous donnons le travail, nous donnons la souffrance, nous donnons tout ce que nous avons pour le saint jour de la victoire du peuple roumain. »

POINT 45 : Ce que doit faire le chef légionnaire et à quoi il doit prendre garde pendant la campagne électorale.

Immédiatement après la chute du gouvernement, les chefs de nids réuniront leurs nids en une séance tous les deux jours. De même, ils se réuniront en séances à part avec les autres chefs de nids du village ou de la commune, pour étudier la situation et prendre toutes les mesures qu'ils jugeront utiles pour que la Légion aboutisse au meilleur résultat. Ils prendront aussi des mesures pour exécuter les ordres reçus des chefs départementaux.

POINT 46 : Ce qu'ils feront avant les élections.

1) L'instruction avec notre signe électoral à tous les hommes du village.

Le signe doit être fait sur du papier, en petit, de sorte que même les enfants du village le connaissent parfaitement. Ils se renseigneront auprès du chef départemental de la page du bulletin de vote sur laquelle se trouve notre signe, et ils l'expliqueront à temps aux gens du village, si c'est la première, la deuxième ou la troisième.

2) Ils veilleront à ce que le signe soit fait à la craie, à la chaux ou au goudron à l'intérieur du village.

3) On confiera à chaque homme du nid au moins cinq habitants du village, qu'il tâchera de convaincre de voter pour la Légion.

4) Il ne croira jamais – et ne laissera pas les autres y croire – aux mensonges que les adversaires répandront sur notre compte : que la liste a été retirée, que notre signe n'est pas sur le bulletin de vote, que notre Organisation a été interdite par la loi, que personne n'a plus le droit de voter pour la Légion, que celui qui parlera encore de la Légion sera puni, que nous avons été abattus, tués, fusillés, etc. Les adversaires débitent ces mensonges pendant la campagne électorale afin de dérouter les électeurs, pour qu'ils ne votent plus pour nous. D'autres essaient de berner les gens en soutenant que nous sommes des couzistes. Les légionnaires répondront : « Nous ne sommes pas, et nous ne serons jamais des couzistes ».

5) Il est fort probable qu'aucun manifeste n'atteigne tel village, soit par

manque de fonds, soit parce qu'il aurait été retenu à la poste. Les chefs de nids de la commune feront de leur mieux : petits manifestes par écrit, propagande orale individuelle.

6) Il est possible qu'aucun de nos candidats ne puisse pénétrer jusqu'à ce village. Les chefs de nids prépareront à temps les gens à cette éventualité, afin qu'ils ne soient pas découragés.

7) Ils tâcheront de prendre part à toutes les réunions des adversaires politiques, pour entendre ce dont on parle et, à leur départ, pouvoir éclairer les gens.

POINT 47 : Ce qu'ils feront le jour des élections.

1) Le jour des élections, tous les chefs de nids d'un village avec leurs hommes, jeunes et vieux, se rassemblent et partent en bloc vers la section de vote avec le drapeau et le signe peint en noir sur une planche.

2) Ils tâcheront d'avoir fixé à

l'avance une tactique de lutte bien précise, de sorte que n'importe qui voudrait les empêcher de voter soit repoussé et forcé de se calmer.

3) Au cas où ils ne seraient pas assez nombreux, ils se faufileront isolément parmi les autres habitants jusqu'à la section de vote. Et s'ils voient que la persécution est trop forte, ils se mettront le signe du gouvernement au revers et diront qu'ils sont passés du côté du gouvernement. Et dans l'isoloir, là où Dieu seul peut les voir, ils voteront pour la Légion. Tout au long de cette lutte, l'harmonie et la discipline la plus parfaite doivent régner parmi les chefs de nids : ils obéiront aux ordres, soit à ceux du Centre, soit à ceux du département ou de la garnison, soit à ceux des nids supérieurs.

Avant de partir voter, à la dernière séance de nid, tous les chefs de nids avec leurs légionnaires diront, comme avant chaque bataille, des prières.

PARTIE VIII. Dans quelle direction spirituelle un chef de nid doit faire l'éducation de ses hommes.

POINT 48 : Comment se présente un légionnaire.

Lorsqu'un légionnaire se présente devant un chef, il s'arrête à une distance de trois pas, se met au garde-à-vous, salue en portant la main droite à son cœur, puis en la levant vers le ciel, il dit : « Je suis le légionnaire Untel... du nid... » Il a une tenue fière et martiale. Il parle peu. Il regarde droit dans les yeux. Ses yeux ne mentent pas. Son visage est plein d'espoir et resplendit comme un soleil. Ainsi se présente le légionnaire, gai et plein de confiance.

POINT 49 : Comment doit s'exprimer un légionnaire en paroles ou par écrit.

Un légionnaire doit être, dans ses paroles et ses écrits, concis, clair et précis. Les longues paroles embrouillées sont celles de la démocratie.

POINT 50 : L'habit du légionnaire.

Le légionnaire sera modestement mis. Il n'attache pas de valeur aux vêtements luxueux et voyants. Il méprise le luxe, qu'il considère comme ayant pour origine un penchant pour la frivolité, pour l'encanaillement.

Aujourd'hui, l'homme luxueux, s'il n'est pas un voleur d'une espèce quelconque, est en tout cas un impudent qui soufflette la misère infinie du pays. Le légionnaire ne jugera pas un homme à son habit et ne fera plus de différence entre un homme aux vêtements usés et un homme bien habillé. Le légionnaire jugera l'homme à ce qu'il porte sous son habit, c'est-à-dire à son âme. Il y a beaucoup de vêtements déchirés qui cachent des trésors spirituels.

POINT 51 : Le légionnaire et la gestion des finances publiques.

Le légionnaire qui s'appropriera de l'argent qui ne lui appartient pas, qui manipulera d'une manière peu honnête l'argent de la Légion ou de qui que ce soit, celui qui ne pourra, contrairement à ses engagements, rendre compte de l'argent encaissé à la vente de brochures, journaux, insignes, etc., sera exclu pour toujours de la Légion, dès la première exaction, quelle que soit sa fonction.

Cette Organisation ne peut accueillir que des hommes honnêtes. Un petit vol ne peut nous laisser indifférents parce que ce n'est, après tout, que le germe de vols plus importants, germe qui, s'il se développait à cause de notre indulgence, pourrait sacrifier à nouveau, par pillage, le pays et le peuple roumains.

POINT 52 : Le sentiment de la dignité.

Nous en avons assez du manque de

dignité humaine. Si tu ne lui donnes pas de pourboire, si tu ne le payes pas, il ne s'inscrit pas dans ton parti. Si tu ne le payes pas, il retient tes papiers à la mairie. Si tu ne lui donnes pas de pourboire, tu ne peux pénétrer au ministère. Si tu ne donnes pas de pourboire, tu ne peux avoir ton dû. Le pourboire, la vénalité et le vol ont détruit la santé morale de la Nation roumaine.

Le légionnaire tâchera de faire disparaître ces mauvaises habitudes et de ressusciter le sentiment de dignité humaine. Il ne donnera rien à personne, ne promettra rien à personne et s'il rend un service, il ne s'abaissera pas à accepter un pourboire ou à se faire payer : il prendra plutôt le corrupteur au collet.

POINT 53 : L'école de l'action créatrice.

Le légionnaire doit être un homme d'action.

Par son action, par son travail, il élèvera la Roumanie nouvelle.

POINT 54 : La prière comme élément décisif de la victoire. L'appel aux ancêtres.

Il ne faut pas oublier que nous, peuple roumain, sommes ici, sur cette terre, par la volonté de Dieu et la bénédiction de l'Église chrétienne. C'est au pied des autels que s'est rassemblée, des milliers de fois aux temps d'exode et de détresse, toute la nation roumaine, avec ses enfants, ses femmes et ses vieillards, ayant une parfaite conscience du dernier refuge possible. Aujourd'hui encore nous, peuple roumain, sommes prêts à nous rassembler au pied des autels comme au temps des grands dangers, afin de recevoir à genoux la bénédiction de Dieu.

Les guerres sont gagnées par ceux qui ont su attirer des cieux les forces mystérieuses du monde invisible et s'assurer le concours de ces forces. Ces forces mystérieuses, ce sont les âmes de nos ancêtres qui furent liés à notre glèbe, qui sont morts pour la défense de cette terre et qui y sont liés aujourd'hui par le souvenir de leur vie d'ici-bas, et nous, leurs enfants, petits-enfants et arrière-petits-enfants. Mais au-dessus des âmes des morts, il y a Dieu.

Une fois ces forces gagnées, elles viennent dans la balance, elles te protègent, elles te donnent du courage, de la volonté et tous les éléments nécessaires à la victoire : elles te font vaincre. Elles introduisent la peur et la panique chez l'ennemi, paralysent son activité. En dernière instance, les victoires ne dépendent pas des préparatifs matériels, des forces matérielles des belligérants, mais de leur capacité à s'assurer le concours des forces spirituelles. C'est ainsi que s'expliquent, dans notre histoire, les victoires miraculeuses de puissances matériellement inférieures.

Comment s'assurer le concours de ces forces ?

1) Par la justice et la moralité de ton action ;

2) Par l'appel fervent, insistant. Appelle-les, attire-les avec toute la force de ton âme, et elles viendront. La force d'attraction est d'autant plus grande que l'appel, la prière, sont faits par plusieurs, en commun. C'est pourquoi, dans les séances de nid, qui ont lieu le samedi soir dans tout le pays, des prières seront dites, et les légionnaires invités à aller à l'église le lendemain dimanche.

Notre patron est Saint Michel Archange. Nous devons avoir son icône dans nos maisons et demander son aide dans les moments difficiles.

POINT 55 : L'école de la souffrance.

Celui qui s'engage dans ce combat doit savoir d'avance qu'il aura à souffrir. La victoire vient toujours après la souffrance. Celui qui saura souffrir vaincra.

C'est pourquoi nous, légionnaires,

accepterons les souffrances de bon cœur. Chaque souffrance est un pas en avant vers la rédemption, vers la victoire.

Une souffrance ne découragera pas le légionnaire, mais le trempera, fortifiera son âme. Ceux qui ont souffert et souffriront seront les vrais légionnaires. La bénédiction de la Patrie s'étendra sur eux et sur leurs familles.

PARTIE IX. La route que doit parcourir un légionnaire dans son existence légionnaire.

La vie légionnaire est belle. Elle ne l'est cependant pas par la richesse, par les réjouissances et l'opulence. Elle l'est par la multitude des dangers qu'elle présente au légionnaire, par la noble camaraderie qui unit tous les légionnaires du pays entier, en une sainte fraternité d'armes ; elle est magnifiquement belle par l'attitude inébranlable et virile devant la souffrance.

Si quelqu'un s'engage dans l'Organisation légionnaire, il doit connaître d'avance la vie qui l'attend, le chemin qu'il aura à parcourir.

Ce chemin passera par le mont de la souffrance, ensuite par la forêt aux fauves et le marais du désespoir.

POINT 56 : Le mont de la souffrance.

Quand un homme s'est enrôlé comme légionnaire, avec au cœur l'amour de la Patrie, ce n'est pas un festin qui l'attend, mais il doit accepter le joug de notre Sauveur Jésus-Christ :

« Prenez mon joug sur vous ».

Et le sentier légionnaire commence par escalader une montagne que le monde a désignée comme « le mont de la souffrance ».

Au début, il semble facile à escalader. Un peu plus tard, l'ascension devient plus difficile, la souffrance est plus grande. Les premières gouttes de sueur commencent à perler sur le front du légionnaire.

Alors un esprit impur se faufile parmi les légionnaires qui montent et lance pour la première fois la question : « Ne ferions-nous pas mieux de rentrer ? Le sentier légionnaire que nous avons pris commence à être difficile, et la montagne est si haute que nous n'en voyons pas le sommet ». Mais le légionnaire ne prête pas l'oreille, il avance toujours et monte avec difficulté. Après un certain temps, montant toujours, il commence à se fatiguer, ses forces semblent l'abandonner.

Par bonheur, il rencontre une source limpide comme le cœur d'un ami. Il se rafraîchit, il se mouille les yeux, il respire un peu puis recommence à s'élever sur la montagne de la souffrance.

Il en dépasse la moitié... et là commence une montagne sans eau, sans verdure, sans ombre, rien que des pierres et des rochers.

Et le légionnaire, en la voyant, dit : « J'ai déjà beaucoup souffert, aide-moi, Seigneur, à arriver au sommet ! » Mais l'esprit mauvais lui lance la question : « Ne ferais-tu pas mieux de rentrer ? Laisse de côté ton amour de la Patrie. Ne vois-tu pas ce que tu dois souffrir, si tu aimes ta Patrie et ton Roi, ton peuple et ta terre ? Et puis : qu'y gagnes-tu ? Ne ferais-tu pas mieux de rester tranquillement chez toi ? »

Sur les rochers nus, le légionnaire

monte toujours avec une foi infinie. Il est maintenant fatigué. Il se brûle les mains et voit pour la première fois du sang jaillir de ses genoux. Il se relève comme un brave et repart. Il a encore un peu de force. Mais le roc est devenu abrupt et acéré, du sang jaillit de sa poitrine et s'écoule sur le roc impitoyable. « Ne ferais-tu pas mieux de revenir sur tes pas ? » murmure à nouveau l'esprit impur. Le légionnaire reste pensif, mais tout à coup, il entend monter des profondeurs des siècles : « En avant, mes enfants ! Ne cédez pas ! » Encore un effort, et le front du brave a atteint le sommet. Il est vainqueur au sommet du mont de la souffrance, avec son âme chrétienne et roumaine remplie de bonheur et de joie.

« Bienheureux serez-vous quand ils vous persécuteront et médiront de vous. Et ils allaient se réjouissant d'avoir été dignes d'être frappés au nom de Jésus. »

POINT 57 : La forêt aux fauves.

Mais que celui qui veut devenir légionnaire ne pense pas que ses épreuves s'arrêteront là, au sommet du mont de la souffrance. Il est bon que chacun sache dès le départ ce qui l'attend et quel chemin il prend.

La seconde épreuve. Peu de temps après, le sentier légionnaire entre dans un bois que le monde désigne comme la « forêt aux fauves ». Dès les confins du bois, on entend les cris de ces fauves attendent avec impatience que quelqu'un pénètre dans ces bois pour le déchirer. Après le mont de souffrance, voici la seconde épreuve par laquelle le légionnaire doit passer : celui qui a peur n'entre pas dans la forêt. Celui qui a un cœur de brave y entre, lutte avec courage et brave mille périls sur lesquels un livre entier pourrait être écrit – et il le sera un jour. Dans cette lutte, le légionnaire ne recule jamais devant le danger, ne se cache pas derrière les arbres. Par contre, il apparaît là où le danger est le plus grand. Quand il aura parcouru la forêt et qu'il en sera sorti sain et sauf, une autre épreuve l'attend.

POINT 58 : Le marais du désespoir.

Le sentier disparaît et ils doivent passer par un marais qui s'appelle « le marais du désespoir », car celui qui y pénètre pour parvenir à l'autre bout est pris de désespoir.

Certains n'ont plus le courage d'y entrer – ils commencent à douter de la victoire, car elle est trop lointaine, ils commencent à penser qu'ils n'y arriveront jamais. Ainsi, beaucoup de ceux qui ont parcouru la forêt aux fauves et se sont élevés sur le mont de la souffrance se noient dans ce marais du désespoir. Il y en a qui reviennent sur leurs pas, d'autres qui s'y noient. Mais les légionnaires ne perdent pas espoir, ils parcourent encore cette dernière épreuve et arrivent au bout, couverts de gloire.

POINT 59.

C'est là, au bout du chemin des trois épreuves, que commence le doux travail, le travail béni de l'édification d'une Roumanie nouvelle, entièrement nouvelle.

POINT 60.

Seul celui qui a seulement subi les trois examens, c'est-à-dire celui qui est passé par le mont de souffrance, qui a traversé la forêt aux fauves et le marais du désespoir, celui qui a triomphé de ces épreuves est un vrai légionnaire. Celui qui n'a pas connu ces épreuves ne peut s'appeler légionnaire, même s'il est inscrit dans l'Organisation, s'il paie sa cotisation et porte l'insigne. Celui qui a toujours eu l'habileté de les éviter et qui, en trois ou quatre années de vie légionnaire n'a subi ni son examen de douleur, ni son examen de courage, ni son examen de foi, est peut-être un homme adroit, mais pas un légionnaire.

Le Chef de la Légion, lorsqu'il apprécie un légionnaire, ne regarde ni son âge, ni sa popularité (c'est-à-dire le nombre d'hommes qu'il a autour de lui), ni son habileté – mais ces trois épreuves.

POINT 61.

La Légion est contre ceux qui s'agitent, se démènent pour obtenir des victoires sans risques ni sacrifices, car ils sont des hommes petits, et leurs éventuelles victoires sont passagères comme l'écume de la mer. Là où il n'y a pas de risques, il n'y a pas de gloire.

POINT 62.

La Légion est contre ceux qui, après les victoires, cherchent à monter le plus haut possible en s'aidant des risques pris et des sacrifices consentis par d'autres.

POINT 63.

De même, la Légion est contre ceux qui, tout en combattant, sont inspirés par des motifs spirituellement bas : la soif du gain, la possibilité d'un bénéfice, l'acquisition d'une situation. Ceux-là, une fois la victoire obtenue, la compromettront aussitôt. L'âme supérieure trouve ses plus grandes satisfactions dans la soif du combat et du sacrifice.

PARTIE X.

POINT 64 : Le légionnaire et le politicien.

Le légionnaire et le politicien sont face à face. L'homme de parti détruit la Roumanie.

Devant lui se dresse la poitrine du légionnaire.

Lorsque l'homme de parti, le politicien paysan ou citadin, entre dans un parti, la première question qu'il se pose est : « Qu'y gagnerai-je ? Quel profit vais-je en tirer ? » C'est pourquoi les politiciens gagnent quand le pays s'effondre.

Lorsqu'il entre à la Légion, le légionnaire déclare : « Que puis-je donner, que puis-je sacrifier pour mon pays ? »

Le légionnaire dit : voilà mille ans que nos ancêtres ont souffert et sont morts pour ce pays. Il y a mille ans que nous l'espérons et que nous en rêvons. Et aujourd'hui que Dieu nous l'a donné entier, au lieu de tomber à genoux et de le vénérer comme une icône, nous le pillons, nous le dépouillons. Le légionnaire ne se présente pas devant la Patrie avec des droits civiques mais avec des devoirs sacrés.

Le but du politicien est de se construire une fortune. Le nôtre est de nous construire une Patrie florissante et puissant ; nous travaillerons pour elle et nous la construirons. Pour elle, nous ferons de chaque Roumain un héros prêt à combattre, prêt à mourir. (Voir « Aux Légionnaires ».)

« Contre les cœurs impurs qui entrent dans la maison pure de Dieu, je tends mon épée sans merci. »

Saint-Michel Archange.

« Celui qui sait mourir ne sera jamais esclave. »

Sénèque.

POINT 65 : Le légionnaire et le communisme.

Le légionnaire est contre le communisme, et il luttera de toutes ses forces pour que ce communisme soit démasqué et détruit partout où il a pu s'infiltrer.

Le triomphe du mouvement communiste en Roumanie signifierait : l'abolition de la Monarchie, l'abolition de l'Église, l'abolition de la Famille, l'abolition de la propriété individuelle et la destruction de la liberté.

Il signifie en un mot le dépouillement de tout ce qui constitue le patrimoine moral de l'humanité et dans le même temps l'appauvrissement en faveur des profiteurs dissimulés du communisme que sont les Juifs.

Derrière ce mouvement communiste se trouvent regroupés tous nos ennemis, qui ont toujours vu et continuent à voir d'un mauvais œil la grande Roumanie. (Voir « Aux Légionnaires ».)

POINT 66 : Le légionnaire et le Juif.

Le problème juif, apparent seulement dans la partie septentrionale du pays, mais tout aussi vivace dans l'autre moitié, constitue pour la Nation Roumaine le plus grand danger qu'elle ait connu depuis les débuts de son histoire.

Le légionnaire est seul en état de résoudre ce problème, qu'il envisage sérieusement, avec courage. Il en trouvera la solution avec celle des autres problèmes d'État qui se posent aujourd'hui avec la même urgence. (Voir « Aux Légionnaires ».)

PARTIE XI. Ce qu'un légionnaire croit.

POINT 67.

Que l'État basé sur la vieille idéologie de la révolution française fasse faillite. Le monde se pose le problème d'un État nouveau. Celui-ci peut être excellent ou très mauvais. Que sera-t-il ? Il sera comme nous le ferons.

POINT 68.

Mais l'État nouveau ne peut être uniquement basé sur des conceptions théoriques de droit constitutionnel.

L'État nouveau suppose avant tout comme indispensable un type d'homme nouveau. Un État nouveau ne saurait être conçu avec des hommes anciens.

L'État n'est qu'un vêtement qui revêt le corps de la Nation. Nous pouvons faire un vêtement coûteux, luxueux, mais il ne sera d'aucune utilité s'il revêt un corps épuisé, diminué par la gangrène morale et physique.

POINT 69.

L'homme nouveau, ou la Nation renouvelée suppose un profond renouvellement spirituel, une profonde révolution dans la Nation tout entière, c'est-à-dire une opposition à la direction spirituelle actuelle et une offensive radicale à son encontre.

POINT 70.

En cet homme nouveau toutes les vertus de l'âme humaine devront renaître. Toutes les qualités de notre race. En cet homme nouveau, tout défaut et tout penchant vers le mal devront être détruits. En ce héros (au sens guerrier : il affirme ses idées par le combat ; au sens social : il est incapable d'exploiter, après la victoire, le travail d'autrui ; au sens créateur : il construit un pays puissant par son travail) – en ce héros doit se concentrer tout ce que le peuple roumain a pu engendrer de meilleur au cours des millénaires.

Nous attendons cet homme, ce héros, ce géant. C'est sur lui seul que reposera le nouvel État, la Roumanie de demain.

Avant d'être un État politique théorique, financier, économique, etc., le Mouvement Légionnaire est une école spirituelle : si un homme y adhère, un héros en sortira.

POINT 71.

Ce grand renouvellement de la Nation roumaine pourra-t-il s'épanouir ou non ?

Il viendra. Nous le sentons tous. Après des siècles d'obscurité, dans ces mêmes frontières, le peuple roumain attend aujourd'hui le lever du soleil, il attend l'heure de sa résurrection comme Nation. Serait-il possible que les tourmentes séculaires buttent sur une question de forme : l'union de tous les Roumains dans un seul État ?

Ne sentez-vous pas bouillonner dans les profondeurs la grande renaissance du peuple roumain ?

POINT 72.

Dans cette résurrection, la jeunesse jouera un rôle prépondérant. C'est elle que le destin appelle sur la scène de l'histoire. Les hommes anciens ne nous comprennent pas ? Parce qu'il n'y a que nous qui puissions entendre l'appel sacré du destin, il n'y a que nous qui puissions le comprendre, parce qu'il ne s'adresse qu'à nous.

POINT 73.

Aucune loi, aucun état de siège n'arrêtera jamais le destin d'une Nation.

POINT 74.

Cette grande résurrection créera d'elle-même une nouvelle offensive du peuple dans tous les domaines. Cette offensive, aidée et soutenue par des lois, rendra au Roumain les droits qui lui ont été ravis, année par année, pendant mille ans, par l'injustice et la contrainte.

POINT 74 bis : Réception du Chef de la Légion.

Dans n'importe quelle localité, le Chef de la Légion sera reçu et constamment accompagné par des légionnaires blessés en première ligne, des légionnaires qui ont eu à subir des persécutions en deuxième ligne, des combattants légionnaires en troisième ligne, et des amis de la Légion en quatrième ligne.

Les différents commandants légionnaires disposeront toujours les légionnaires dans l'ordre indiqué ci-dessus.

PARTIE XII.

Circulaire F.

POINT 75 : Le régime des parlementaires légionnaires.

L'Assemblée du Sénat et des chefs d'unités politiques légionnaires a fixé le régime du parlementaire légionnaire le 5 janvier 1933 à Focsani. Le Chef de la Légion s'est appliqué ce régime à son premier parlement et il a également été appliqué aux quatre parlementaires.

I. Le traitement.

1) Les parlementaires de la Légion sont parlementaires par les efforts et les sacrifices matériels et moraux de tous les légionnaires du pays.

2) Le traitement de parlementaire ne leur appartient pas. Il appartient à la Légion, qui accorde à chaque parlementaire le strict nécessaire pour une existence modeste.

Parce qu'il serait injuste que le parlementaire se crée une existence meilleure, alors que ses camarades mènent une existence chaque jour plus difficile. Quel horrible tableau moral ce serait si certains d'entre nous se gavaient de nourriture, s'offraient quantité de vêtements et de chaussures, couvraient leurs femmes de bijoux, alors que d'autres, blessés au combat, mèneraient une vie de déchirante misère.

3) Les frais matériels ne sont pas remboursés plus qu'on ne rend la santé à celui qui a souffert pour la Légion, ou la vie à ceux qui morts pour elle. Ce sont des sacrifices, et une fois offert, un sacrifice ne se réclame pas.

Le dogme légionnaire nous dit : la quantité de sacrifices accomplis décide de la victoire.

Notre gloire est celle du sacrifice que nous accomplissons.

4) Ce n'est pas une fin en soi que d'être parlementaire. Nous devons marcher vers la victoire. C'est pourquoi

les fonds de la Légion provenant des traitements pourvoiront l'Organisation de tout ce dont elle a besoin pour la lutte : journaux, brochures, autos, etc. En 1933, les parlementaires ont reçu 10 000 lei par mois pendant les deux premiers mois, ensuite 8 000.

5) La conception légionnaire de la manière de diriger l'État.

Celui qui ne pourrait pas vivre seul avec cette sommé peut vivre en commun avec les autres parlementaires à la caserne légionnaire. Le futur parlement légionnaire sera ainsi. Les dirigeants du pays doivent être l'exemple aux jours de misère.

On ne peut soulager l'immense misère du pays avec un luxueux salaire de 30 000 lei.

L'attitude des parlementaires légionnaires aujourd'hui prépare l'avenir et prouve qu'il peut être tel que nous l'exigeons.

II. Le parlementaire légionnaire ne

s'appartient plus.

Il sera à toute heure du jour ou de la nuit à la disposition de la Légion. Il n'est pas possible d'être élu parlementaire et de vaquer ensuite à ses affaires ou d'être presque constamment occupé à autre chose.

Tant que l'arme parlementaire m'a été mise dans les mains, je dois m'en servir. Si je ne peux pas m'en servir, alors je ne la prends pas. Et si je l'ai prise et ne puis l'utiliser au plus grand profit de la Légion, alors je la donne immédiatement à un autre qui saura mieux l'employer.

Un parlementaire doit :

1) être capable de parler au Parlement ;

2) pouvoir se déplacer pour conférences, réunions de l'Organisation, chaque fois que le Chef de la Légion l'exigera.

Que celui qui aime la Légion réfléchisse bien à tout cela quand il brigue l'arme parlementaire et l'honneur de l'utiliser pour la victoire de la Légion.

Désistement des candidats têtes de liste.

L'assemblée a également fixé, suite à la proposition du Chef de la Légion, le désistement des candidats, c'est-à-dire : en cas de succès d'une liste, les têtes de liste entreront au Parlement pour trois mois, après quoi ils donneront leur démission et seront remplacés. parle numéro 2 de la liste. Le numéro 2 sera désigné par le Centre et choisi parmi les gloires intellectuelles de notre Organisation.

Font exception à cette règle les départements ayant obtenu la majorité absolue. Si dans un département la majorité absolue est atteinte, les élus restent en place, sans désistement.

Avantages du système :

a) Une satisfaction et un encouragement pour le chef départemental qui travaille.

b) La nécessité impérieuse pour l'Organisation d'envoyer au Parlement les éléments les plus aptes à la lutte parlementaire.

c) La création et la formation d'un plus grand nombre de cadres légionnaires.

d) La possibilité donnée aux parlementaires de vouer, pendant une courte période, mais d'une intense activité, tout son temps à la Légion, sans nuire à sa situation ni à ses préoccupations familiales.

Les chefs départementaux, mus par le seul désir de la victoire totale de la Légion, expliqueront cette règle aux candidats et recevront d'eux une déclaration écrite indiquant qu'ils ont pris connaissance de la « Circulaire F » et qu'ils entendent se soumettre à ses dispositions.

Les parlementaires légionnaires habitent Bucarest, 3, rue de l'Imprimerie.

Le Chef de la Légion,
Comeliu Zelea Codreanu.

POINT 76 : Ce qu'est le Comité des mille.

Un Comité des 1 000 a été fondé. Chaque membre est tenu de verser 25 lei par mois à l'Organisation ou, s'il le préfère, 50 pendant une année. La somme est utilisée à acquitter les frais d'imprimerie et à pourvoir la Légion de tout ce dont elle a besoin. Aujourd'hui, ce Comité est supprimé. Son rôle est rempli par 1'« Association des Amis des Légionnaires » ayant le comité suivant : Dr. Corneliu Sumuleanu, Prof. Univ., Iasi, Str. Saulescu ; Prof. prêtre Duminica Ionescu, Bucarest, Str. Leon Voda 4 ; Mme Zoe Sturza, Bucarest l, Str. Cretulescu 8 ; Mme Marie Beiu-Pallade, Bucarest, Str. Av. Muntenescu, 11, tél. : 43326 ; Dr. Eugen Chirnoaga, Prof. à l'École Polytechnique, Avenue Arch. Stefan Burcus 12 ; Dr. Ingénieur Eugen Ionka, Bucarest, Str, Franc-mazoana 7, tél. : 47752 ; Gr. T. Coanda, Bucarest, Str. Bolintineanu 5, tél. :

43303.

Quiconque a de la sympathie pour la Légion et désire l'aider, peut devenir membre de l'Association en se renseignant aux adresses citées.

POINT 77.

La Caisse centrale de l'Organisation légionnaire se trouve dans la maison du Général Cantacuzin, 3, Str. Gutenberg, Bucarest. Dans tous les cas, l'argent doit être envoyé à cette adresse.

POINT 78.

Libertatea (La Liberté). Feuille populaire. Directeur spirituel, Ion I. Mota. Le journal appartient à la famille héritière de Ion I. Mota. Abonnement annuel : 120 lei, 6 mois, 60 lei, trois mois, 30 lei. Adresse de l'administration (pour abonnements, réclamations, etc.), Bucarest, Calea Victoriei 63. Adresse de la rédaction (pour les articles) : Père Ion Mota, Orastie, jud. Hunedoara.

POINT 79 : Les agents provocateurs.

Différents espions tournoient autour des organisations. Certains sont des agents de police. Faites-les entrer pour leur montrer que vous n'avez pas de secrets.

Mais si, parmi les légionnaires, on en découvre un qui s'est vendu pour de l'argent et trahit la Légion, il sera puni aujourd'hui, demain, dans une année ou deux.

Le plus grand déshonneur pour notre Organisation serait de trouver des espions parmi nous.

Il s'en trouve qui se font passer pour légionnaires et vont dans les différentes organisations pour voler, demander de l'argent. Certains réussissent à se procurer une lettre ou un carnet de membre. Examinez-les bien. Livrez-les à la police.

J'apprends au dernier moment qu'un agent de police a informé la Sûreté générale que des légionnaires vont chez plusieurs préfets. Un autre a forgé un chiffre secret où étaient inscrites les institutions de la capitale. Nous n'avons pas besoin de chiffre. C'est une invention infâme. La police entière peut venir. Ce que nous avons à dire, nous le disons ouvertement, nous le disons tout haut.

Si vous entendez de pareils mensonges ou si vous les lisez dans les feuilles juives (comme il y a deux ans dans Adevarul, Dimineata et Lupta) sachez dès le premier instant que ce sont des machinations pour lesquelles nous saisirons la justice.

POINT 80 : Procès-verbal modèle de la constitution d'un nid.

(Ce procès-verbal ne s'emploie plus aujourd'hui.)
LÉGION
Département :

Nid :

Les soussignés...... domiciliés dans la commune de...... département...... convaincus du danger qui menace l'existence de la Patrie, nous engageons ensemble par serment à lutter pour le triomphe de la « Légion ».

Nous nous sommes constitués en « nid » de légionnaires auquel nous avons donné le nom de Nid...... Le nombre de membres en est de...... [13 au plus].

Le Chef du Nid......

Le correspondant......

Le trésorier......

Le messager......

Nous nous engageons par devant Dieu et les hommes à nous tenir étroitement unis autour de nos chefs, d'obéir et d'exécuter en tout les ordres reçus, de faire pénétrer le plus profondément dans le peuple l'esprit nouveau du Travail, de la Probité, du Sacrifice et du Droit. Nous nous proposons, en un mot, de faire légionnaires, c'est-à-dire adeptes de la même Foi, tous ceux avec lesquels nous serons en contact.

Nous croyons en Dieu et en la victoire de la Légion. Nous croyons en une Roumanie nouvelle, que nous voulons conquérir par la voie de l'Église du Christ et celle du nationalisme intégral, en agissant dans le cadre des lois du pays.

1) Nous avons commencé nos activités ;

2) Nous tiendrons des séances toutes les semaines ;

3) Nous nous abonnerons à la revue Pămāntul Strămoşesc (*Terre des ancêtres*), que nous lirons aux séances de nid ;

4) Nous nous fortifierons dans notre foi légionnaire ;

5) Nous serons unis comme des frères et ne permettrons aucune division entre nous ;

6) Nous commencerons immédiatement la formation de nouveaux nids dans notre commune et

dans la commune voisine ;

7) Tout cela dans la sainte Foi car, quels que soient les chemins de la difficulté et de la souffrance que nous traverserons, nous vaincrons ;

8) La Roumanie tout entière deviendra Légionnaire.

Vive la Légion. Vive le Capitaine.

MOTTO

Notre cœur en nous gémit De souffrance et de misère
Et nos yeux baignés de pleurs Fixent l'horizon et espèrent pitié.

Nos montagnes regorgent d'or Et nous mendions de porte en porte. Notre moisson est blonde et belle Et sous les dettes nous mourrons.

Malheur à nous, encore malheur ! De mal en pis nous régressons. La pauvreté nous pourchasse. Et peu à peu, elle nous achève.

Puisque nous avons tous un nom Et une destinée en ce monde. Pour la Patrie et la Justice
Vibre en chacun de nous une âme.

Allons, Roumains, réveillons-nous, Et ne souffrons pas davantage, Car ceux-là qui nous tourmentent
Ne possèdent pas de cœur humain.

Allons, descendons dans le val Arrêter l'ennemi en route
Pour notre pain, pour notre sel, Et chassons-le hors des frontières.

Allons, mettons des sentinelles Sous le soleil, sous les étoiles, Dans l'ombre, les voleurs à la cave Le butin rendu aux spoliés.

Ceux accusés de trahison, Les pilleurs d'administration, Et les bandits de grand chemin,
Allons, livrons-les au gibet.

Pas de force pour un homme seul Dans la misère et la douleur, Mais le nombre accroît la force Et l'ennemi est balayé.

VALERE DUGAN
Paysan de Bucovine

Suivent les signatures des membres (13 au plus).

LÉGIONNAIRE !

-Ne commets jamais une action dont tu rougirais le lendemain et si tu agis, assume toute ta responsabilité.

-Si l'on te crée un obstacle, franchis-le, ne cède pas, ne te laisse pas vaincre. Ne te décourage pas. Essaie une seconde fois, une troisième fois, toujours. « Je ne peux pas » n'existe pas. Le légionnaire peut.

-Si pour le politicien la politique signifie une affaire, pour le légionnaire la politique est une religion.

-Ne dis pas, je ne veux plus servir la Légion parce que tel chef ne me plait pas, n'est pas bon. Dans la Légion, personne n'est chef pour la vie. Aujourd'hui il y en a un, demain un autre, après-demain tu le seras, toi, si par ton travail et ta foi immuable, par tes capacités, tu mérites de l'être, et un beau jour, on trouvera le meilleur.

-N'oublie pas que ce qui peut causer notre perte à nous, les légionnaires, ce sont les malentendus et les divisions dans chaque nid ou entre les différents nids.

-N'oublie pas qu'au moment où un légionnaire revêt l'uniforme de chef légionnaire, tous les autres lui doivent obéissance. Il y a dans différents villages des éléments qui ont beaucoup fait pour la Légion, par leur travail, leur sacrifice et leur abnégation, des âmes d'élite qui ont mis en évidence le monde légionnaire, donnant des preuves de courage, d'abnégation, de discipline et de foi immuable. Ils peuvent sortir de l'organisation villageoise, en attendant d'être dénommés « les conseillers du Chef de la Légion ».

Le jour de la victoire, ils seront transférés, pour cette raison, dans la capitale avec leurs familles.

De cette grande lutte légionnaire naîtra une aristocratie roumaine nouvelle.

Dans sa carrière, on n'accordera de prix ni à la richesse, ni à la fortune, ni aux vêtements, mais aux qualités de l'âme, à la vertu. Ce sera une aristocratie de la vertu.

L'aristocratie issue des affaires, de la fraude ou de la trahison, tombera. Comme l'or se purifie dans le feu, la vraie élite morale de la Nation roumaine se purifiera dans le feu des luttes légionnaires.

-Si tu es coupable et que ton âme t'appelle à la conversion, fais-toi baptiser maintenant, redresse-toi, mais reste discret et tiens-toi en seconde ligne.

-Notre mouvement vaincra. N'imagine pas que tu pourras, sous le régime légionnaire, vivre des affaires, de pots-de-vin, de pistons.

UNE PRIÈRE

Camarade,

1) En partant, donne-moi de l'eau, lubrifie-moi, examine l'essence et les vis.

2) Ne me fais pas rouler trop vite, car tu me tuerais trop vite et je ne pourrais plus servir la Légion.

3) Arrête-toi de temps en temps en route et examine mes roues, la barre de direction, le moteur.

4) Après un voyage, soigne-moi encore, lave-moi, lubrifie-moi.

5) Camarades, ne me chargez pas plus que je puis porter, traitez-moi avec pitié et je vous porterai à la victoire.

Votre camionnette.

POINT 81.

On peut acheter cette brochure chez les chefs des organisations départementales ou au Centre.

9 COMMANDEMENTS LÉGIONNAIRES

1) Le légionnaire n'engage de polémique avec personne.

2) Le légionnaire méprise le monde politique et ne discute pas avec lui.

3) Le légionnaire sème la bonne semence dans les âmes pures du peuple.

4) Le légionnaire se demande à chaque instant : qu'ai-je fait de bon pour la Roumanie légionnaire ?

5) Le légionnaire identifie le coupable d'aujourd'hui afin de s'en souvenir demain.

6) Le légionnaire commence toute action en tournant ses pensées vers Dieu et Le remercie quand il a atteint son objectif.

7) Le légionnaire est discipliné par sa propre conscience et sa propre volonté.

8) Le légionnaire ne craint que Dieu, le péché, et l'instant où ses forces physiques ou spirituelles le forceront à quitter le combat.

9) Le légionnaire aime la mort, car son sang servira à cimenter la Roumanie légionnaire. (Du journal GDF de la Bessarabie.)

POINT 81 bis : Les trois engagements d'un légionnaire.

Le légionnaire ne fait pas de serment. Il prend trois engagements.

Premier engagement : devant le chef du nid et les camarades. C'est une manifestation du désir de devenir légionnaire .

Second engagement après deux ou trois ans de lutte devant le chef politique départemental et du personnel dirigeant, en un groupe d'au moins cinquante personnes, avec une solennité particulière.

Troisième engagement devant le Chef de la Légion après quatre ou cinq années de lutte : l'ancien engagement du « petit sac de terre », publié dans cette brochure.

Premier engagement.

Entouré des autres membres du nid, le bras droit tendu et serrant dans sa main la toile du petit drapeau.

Camarades,

1) Devant le chef du nid et devant vous je déclare, la main sur ce drapeau, que je veux devenir légionnaire.

2) Je connais les trois examens que je dois subir : de la souffrance, du danger et de la foi.

3) Je serai à vos côtés dans les moments heureux et dans les moments difficiles. Vous pouvez compter sur mon cœur et sur mon bras.

4) Je serai discipliné par ma propre volonté, étant convaincu que la

discipline est la loi fondamentale de toute organisation.

5) Je me garderai de médire de mes camarades en leur absence ou de critiquer les ordres et dispositions reçus, cela conduisant à la mésentente, à la vie dure et à la division.

6) Je tiens à déclarer dès le premier moment : je ne désire rien pour moi, je n'ai pas et n'aurai pas l'intention de poursuivre des affaires en m'aidant du mouvement, ou de me créer une situation. Je resterai au poste que l'on me confiera aussi longtemps que mon chef le jugera utile.

7) Je n'accomplirai aucun acte qui me déshonorerait, moi ou le Mouvement.

8) Je serai toujours correct et me comporterai avec beaucoup de bienveillance envers tous.

9) Je serai cependant fier devant l'ennemi dans les temps de lutte.

10) Si je commettais des fautes, j'accepterais la punition avec sérénité. Je

sais que, si le légionnaire commet des fautes, il expie : il répond, il ne fuit pas la responsabilité.

Tel est mon engagement devant vous et devant le petit drapeau de notre nid.

Second engagement.
Il a lieu devant le chef politique départemental avec une solennité particulière.

Camarades,
J'ai parcouru un long chemin dans la vie légionnaire. Je connais donc tous les devoirs, toutes les difficultés.

Je me sens en état de devenir légionnaire.

Je m'engage devant notre chef et devant vous à lutter pour le triomphe de la Roumanie légionnaire, à laquelle je tiens comme à la prunelle de mes yeux. Que Dieu nous accorde Sa bénédiction.

Tous répètent à haute voix après le

chef départemental.

Troisième engagement.

C'est l'ancien engagement du « petit sac de terre » devant le Chef de la Légion.

PARTIE XIII.

POINT 82 : Un bref résumé d'histoire légionnaire.

Le 24 juin 1927, un vendredi, jour anniversaire de la naissance de Saint-Jean-Baptiste, à l'initiative de Corneliu Zelea Codreanu, Ion I. Mota, Ilie Garneatza, Corneliu Georgescu et Radu Mironovici, camarades de prison, la « Légion de Saint Michel Archange » a été fondée. Elle fut ainsi appelée en l'honneur de l'icône de Saint-Michel Archange qui se trouve sur la porte gauche de l'église de la prison de Vacaresti, icône qui fut notre protectrice dans toutes nos prisons, dans toutes nos luttes, à nos heures de souffrance. Nous étions si peu nombreux et si pauvres que nous n'avons pas seulement été la cible de l'ironie des autres, mais que nous avons nous-mêmes été épouvantés de notre pauvreté. La foi, nous ne l'avons cependant pas perdue un seul instant.

Nous n'avons pas eu une seconde de doute. Comme si Dieu nous avait à dessein réunis, si pauvres, pour montrer que, dans la victoire légionnaire, la matière n'a joué aucun rôle. Dès le premier moment, j'ai eu la vision claire de la victoire finale et j'ai assumé l'entière responsabilité de la direction. Depuis, nous avons traversé des difficultés, des dangers et d'innombrables risques, mais cette vision de la victoire ne m'a pas quitté une seconde.

Dès le premier jour, les actuels légionnaires nous ont suivis (la même foi puissante se lisant dans leurs yeux) : Hristache Solomon, Al. Ventonic, Nicolae Totu, Ion Banea, Ing. Clime, Ing. Blanaru, Victor Silaghi, Ion Bordeianu, Dumitru Ifrim, Andrei Ionesco, Mille Lefter, Spiru Pecelli, Gheorghe Potolea, etc., et le premier patronage, le Général Dr. Macridesco.

Le premier août 1927 paraît Pămāntul Strămoşesc (*Terre des ancêtres*) dans l'imprimerie de Libertatea à Orastie, grâce à l'assistance du Père Ion Mota. Suivent les jeunes de la FDC Focsani, avec Traian Cotiga et V. Chirulesco, et la FDC Danube avec Toco, ensuite la Révérende Mère Pamfilia Ciolac, le Père Isihie Antohie, Sebastian Ethan, Danileanu.

Le 8 novembre (Saint-Michel Archange – le premier engagement), les suivants prennent l'engagement : Corneliu Zelea Codreanu, Ion I. Mota, Ilie Garneatza, Corneliu Georgescu, Radu Mironovici, Ing. Clime, Hristache Solomon, Mille Lefter, Ioan Banea, Victor Silaghi, Nicolae Totu, Al. Ventonic, Dumitru Ifrim, Pantelimon Statache, Ghitza Antonesco, Guritza Stefaniu, Emil Eremeiu, Ion Bordeianu, M. Ciobanu, Marius Pop, Misu Crisan, Popa Butnaru, Budeiu, Tanasache, Stefan Budeci, Paul Mihaiesco (déserteur).

Le 19 février 1928, après des efforts de deux mois, nous achetons le camion appelé « Chevrette de la Légion » (234 000 lei). En été, pour le soutien du Mouvement et pour payer la dette du camion, nous travaillons à la briqueterie (120 000 briques) et au potager (un hectare), sous les railleries quotidiennes des couzistes. Puis nous faisons du commerce, transportant nos légumes avec le camion et les vendant aux monastères : Agapia, Varatec. Nous poursuivons, silencieux, le Mouvement.

Le 15 décembre 1929, la première réunion politique légionnaire se tient à Tg. Beresti, et après à Valea-Horincei, département Covurlui. Des combattants nouveaux apparaissent : Tanase Antohi, Dumitru Cristian, V. et N. Bogatu, Chichulitza Bâgu, Hasan Bourceanu, et de Folesti, la famille Pralea.

Le 25 décembre 1929, Turda Ludos avec Amos Nechita, Victor Moga, Co1ceri, Damian, etc., Amancei, Banica.

Le 27 janvier et le 3 février 1930, de

grandes réunions se tiennent à Cahul. Interviennent également M. Ioan Zelea Codreanu, Stefan Moraru, Mos Cosa, Garnet, Trifan Vlahu (décédé), etc.

Été 1930 : interdiction de la marche en Bessarabie. Arrestation. Acquittement.

8 novembre 1930, constitution du Sénat Légionnaire : Mrs. Prof. Univ. Traian Braileanu, Cernauti. Gén. Dr. I. Macridesco, Prof. Ion Zelea Codreanu, Père Partenie Matei, curé de Tg. Muresch, Père Georgesco, curé à Bucarest, Hristache Solomon, grand propriétaire, Focsani ; Col. Inv. Paul Cambureanu Ion Ciocarlan, écrivain ; Alexandru Zissu, grand propriétaire, Bucarest. Spiru Peceli, Col. invalide Galati ; Joan Butnariu, propr., Iasi ; Gurita Stefaniu, propriétaire. Doit se compléter jusqu'au nombre de cent.

Le 1er janvier 1931, arrestation de Corneliu Zelea Codreanu, Banea, Totu, Amos. Acquittés, après soixante-dix-sept jours d'attestation, par le tribunal, la cour d'appel et la cour de cassation.

Le 1er juin 1931, nous participons pour la première fois à des élections dans 17 départements. Nous obtenons 34 000 voix. Échec.

Le 31 août, élections partielles à Neamt. Nutu Esanu nous donne donne son concours.

Les légionnaires ont vaincu tous les partis de Roumanie avec 11 000 voix.

Le 27 avril 1932, élections partielles à Tutuva. Pour la seconde fois, après de durs mais glorieux combats, les légionnaires ont vaincu tous les partis de Roumanie.

Le 17 juillet 1932, élections générales. Les légionnaires luttent dans 36 départements, obtenant 79 000 voix et 4 mandats.

Les députés légionnaires au Parlement : attitude silencieuse, mesurée. Lutte pour étendre l'Organisation à tout le pays.

Le courant légionnaire s'accroît. Nous possédons 17 journaux, avec un tirage de 35 000 exemplaires, une imprimerie, deux autos, à la veille d'en acheter 3 autres. Nous avançons avec confiance dans ces durs moments, vers le destin lumineux de notre Patrie, heureux de tous les sacrifices consentis par plus de mille légionnaires.

POINT 83 : L'engagement des premiers légionnaires.

Le matin du 8 novembre 1927, nous nous sommes réunis à notre siège ; nous tous, les légionnaires de Iasi et quelques-uns qui s'étaient donnés la peine de venir d'ailleurs.

Peu nombreux mais forts de notre foi immuable en Dieu et en Son aide, forts de notre volonté et de notre ténacité à rester imperturbables au milieu de n'importe quelle tempête, forts de notre détachement de tout ce qui est terrestre, manifestation du désir et de la joie de rompre héroïquement avec la terre, en servant la cause de la Nation Roumaine et celle de la Croix.

C'était le trait caractéristique de ceux qui attendaient avec impatience l'heure de l'engagement pour former, pleins d'entrain, la première vague d'assaut de la Légion. Et n'importe qui peut imaginer qu'il ne pouvait y avoir autre chose, alors que, parmi nous, revêtus de costumes blancs comme aux heures de persécution, on comptait, réunis et unis : Ion I. Mota, Ilie Garneata, Radu Mironovici et Corneliu Georgescu, tous ceux qui, de prison en prison, avaient porté sur leurs épaules tout le poids du mouvement national, depuis 5 ans.

La Prière.

À dix heures, nous partons tous, en costume national, avec des « caciuli » (bonnet de fourrure), en colonne de marche, en direction de l'église St Spiridon. Là, on célèbre un requiem pour le repos des âmes de Stefan Voévode, Prince de Moldavie, Michelle Brave, Mirtsha, Ion Voda, Horia, Closca et Crisan, Avram Jancou, Domnul

Tudor, le Roi Ferdinand, et de tous les Voévodes et combattants tombés sur les champs de bataille pour la défense du sol roumain contre les invasions ennemies.

La solennité de prise d'engagement.

Nous revenons au Foyer en ordre de marche, chantant l'hymne de la Légion. C'est alors qu'a eu lieu l'émouvante et solennelle cérémonie d'engagement des premiers légionnaires.

La terre des ancêtres.

Cette cérémonie a commencé par le mélange de terres apportées de la tombe de Michel le Brave avec de la terre de Moldavie, de Rasboieni, là où Étienne le Grand a livré son plus dur combat, et de partout où le sang des ancêtres s'est mêlé à la terre, la sanctifiant par de farouches combats.

En recevant la terre, on lisait, avant de la répandre sur la table, la lettre de celui qui l'avait envoyée ou apportée.

LA TERRE DE TURDA. (Lettre).

Mes frères, je vous envoie la terre que vous m'avez demandée. Quant à sa provenance, je puis vous en assurer, je l'ai moi-même prélevée sur la tombe de Michel le Brave, et l'ai moi- même emballée pour vous l'envoyer.

Turda, le 18-IX-1927.

Isac Mocanu, professeur au lycée de Turda.

TERRE DE RASBOIENI. (Lettre).

Je soussigné Corneliu Georgescu, avocat, déclare avoir été moi-même à Rasboieni, dép. Neamt, et y avoir pris de la terre près du monument élevé sur les lieux de la bataille où 10 000 hommes d'Étienne le Grand se sont sacrifiés.

Le 7-XI-1927 Corneliu Georgescu.

Ce que dit l'histoire du combat de Rasboieni (1476).

Sur les lieux du combat, Étienne le Grand élevait une église dont l'inscription déclare :

« En l'an 1476, le puissant Mohamed, empereur des Turcs, et Bassarab Voévode, avec tout le pays Bassarab ont levé une armée et sont arrivés ici, à l'endroit appelé Rivière Blanche. Je me suis battu avec eux, le 26 juillet, et Dieu a permis que les chrétiens fussent vaincus par les infidèles, et un grand nombre de guerriers de Moldavie sont tombés. » (Histoire des Roumains par Floru, pp. 184-185.)

DE LA TERRE DE SARMISEGETUZA a été ensuite apportée et répandue. (Lettre).

Déclaration : Nous soussignés, attestons avoir visité, le 17 octobre 1927, les fouilles du fort de Çotesti, de la forteresse de Sarmisegetuza, et en avoir prélevé de la terre, de différentes parties de la forteresse, et surtout d'une des chambres excavées qui avaient brûlé pendant le siège, raison pour laquelle les mottes de terre sont rouges, symbole du sang qui y a été versé à profusion. Ce fort était commandé par le beau-frère de Decebal, et sa prise par les Romains a disloqué le système de défense de Sarmisegetuza, qui tomba ensuite définitivement.

Ion I. Mota, Corneliu Georgescu.

Ce que dit l'histoire sur le combat de Decebal (Floru, Histoire des Roumains, pp. 38-39).

« Le désespoir et la fureur, la haine et la cruauté des Daces s'unissaient à l'héroïsme qui défend la terre de la Patrie et qui ne laisse au conquérant qu'un amas de cendres et de ruines. On voit sur la colonne de Trajan des femmes daces torturant des prisonniers romains. Quelques-uns sont tenus, nus, pieds et poings liés et brûlés avec des torches.

Il résulte de l'interprétation de la colonne de Trajan que la fortune de la guerre a vacillé entre les Romains et les Daces jusqu'à ce que l'art et la science aient vaincu.

Le Roi (Decebal) s'est enfui par un

sentier de montagne pour rassembler ses troupes dispersées et poursuivre la lutte jusqu'au bout, tandis que les plus notables de ses sujets, les pileates, ont préféré mourir dans la capitale qui ne leur appartenait plus. Rassemblés autour d'un grand vase rempli de poison, ils ont choisi la mort plutôt qu'une vie sans liberté.

Et le Roi continua la guerre jusqu'à ce que, entouré de toutes parts, et prêt à tomber avec ses deux fils aux mains des chasseurs romains, il se soit transpercé de son épée, laissant un cadavre aux vainqueurs... »

TERRE DE CALUGARENI.

Ensuite, on a répandu par-dessus de la terre de Calugareni, là où Michel le Brave s'est précipité en personne, sur un cheval blanc, la hache à la main, au milieu des Turcs, écrasant leurs troupes et les mettant en fuite. C'est ici, à Calugareni, que Michel le Brave a remporté sa plus grande victoire contre les Turcs. (Lettre).

« Je suis allé jusqu'à Mihai-Bravul en train, et de là j'ai fait 13 km à travers la forêt en charrette. J'ai été précieusement aidé par le prêtre de Calugareni, Laurentiu, qui m'a conduit jusqu'à l'endroit de la bataille, « Damb », comme on l'appelle. C'est de là que j'ai pris la terre. »

Stefan Anastasesco, Étudiant.

TERRE DE PODUL INALT.
(Lettre).

J'ai prélevé la terre là où a eu lieu la lutte d'Étienne le Grand contre les Turcs, près de la commune de Cautalaresti (Podul Inalt), dép. Vaslui.

Sous-officier Rotaru 25 Rég. d'Infanterie.

Ce que l'histoire raconte...

« Étienne avait une armée telle qu'on n'en avait jamais vue sous un drapeau roumain jusqu'au Roi Carol Ier : 40 000 Moldaves, en majorité des paysans. L'armée turque comprenait 120 000 hommes. Le théâtre du combat fut le département de Vaslui. D'après certaines sources, le jour de la bataille aurait été le 6 janvier 1475. Étienne ne le précise pas mais écrit « aux alentours de l'Épiphanie. » Ce ne fut cependant pas une bataille livrée par surprise, ou gagnée sans grandes pertes, car les Turcs se sont tournés contre Étienne, qui a perdu beaucoup d'hommes.

À un moment donné, la bataille semblait perdue si Étienne ne s'était jeté lui-même au milieu des Turcs et ne leur avait brisé les ailes par la puissance miraculeuse de Dieu. Le 25 janvier, Étienne écrit à tous les princes qu'il a été attaqué par 120 000 Turcs aidés par Bassarab, mais, vers l'Épiphanie, « Je les ai vaincus, foulés aux pieds et passés par la lame de mon épée ». Étienne a été sans merci, comme le destin, décapitant, empalant, refusant toute rançon, si importante fût-elle : « Que sont-ils venus chercher dans mon pauvre pays, eux qui sont si riches ? »

Pour rendre grâces à Dieu, Étienne et tous ses combattants victorieux jeûnèrent pendant trois jours au pain et à l'eau, ainsi qu'ils en avaient fait le vœu le jour de l'invasion. Suivirent des journées de réjouissance. (Histoire des Roumains par Flotu, pp. 181-82.)

TERRE DE SUCEAVA, CETATEA NEAMTULUI HOTIN ET SOROCA.

Ensuite, de la terre de ces autres forteresses et lieux de gloire des Roumains a été apportée et répandue sur la nappe blanche de la table, par-dessus les autres. Après quoi, on a lu la lettre du légionnaire Budeï qui avait prélevé la terre de ses mains.

TERRE DE L'ENDROIT OU HORIA A SUBI LE SUPPLICE DE LA ROUE.

On a ensuite défait le paquet contenant la terre Julia, envoyée par l'instituteur Iordache Popa, accompagnée des lignes suivantes :

« Cette terre a été arrosée du sang du héros Horia. Elle a été prise à l'endroit appelé "Courd", au carrefour des routes Alba-Julia-Paclis sur la Route Nationale Cetate-Gara. C'est ici que les Hongrois ont infligé à Horia le supplice de la roue. »

Iordache Popa, instituteur Com. Dramhar. P.U. Alba-Julia. Alba-Julia, 29.X.1927.

TERRE DE LA TOMBE D'AVRAM JANCOU.

On a ensuite défait le paquet envoyé par l'instituteur Petre Popa, com. de Ribicioara, p.u.

Baia de Cris, contenant un kilo de terre « de la tombe du héros Jancou. »

Un second paquet de terre provenant de la même tombe et apporté par Ion I. Mota a été défait et répandu sur l'autre terre.

TERRE DE LA COLLINE DE

ROSCANI, là où l'armée de Ion Voda le Terrible a péri de soif, a été apportée par Mlle Ileana Constantinesco, étudiante. De la terre des cimetières et des champs d'honneur de la dernière guerre a été apportée ensuite. De la terre de Jiu, où des combats acharnés ont eu lieu. (Lettre). « Je suis parti de Craiova jusqu'à Filiasi dans la vallée du Jiu par le train. De là, d'après tous les renseignements que je possédais en plus de ceux qui m'avaient été fournis par les habitants, j'ai longé le Jiu pendant environ 7 km jusqu'à l'emplacement des combats de Pesteana et Tantareni. Là, à l'angle de mon département, là ou se joignent le Dolj, le Gorj et le Mehedinti, j'ai prélevé de la terre de la berge du Jiu, et de la forêt, et d'autres lieux encore, pour être sûr d'avoir de la terre pétrie de sang dans mon petit sac. »
Juliu Stanesco, étudiant. Com. Marsani. (dép. Dol)

TERRE DE MARASESTI ET

MARASTI. (Lettre).

« J'envoie dans ce panier deux petits sacs de toile blanche contenant de la terre de Razoare, où ont eu lieu les combats du 6 août 1917. Ensuite, un sac de terre de Marasti, de deux endroits différents de la localité, ou le 2e Chasseurs et le 30e d'Infanterie Muscel ont été décimés. »

Hristache Solomon, Focsani. Bd. Lascar Catargiu, 22.

TERRE DE OITUZ et CASIN.

Déclaration. Nous soussignés déclarons que la terre prise par M. Butnaru, employé, Iasi, provient des localités suivantes : Valea Manciului, Grozesti-Sticlarie, Magura-Casinului, Sticlarie et cimetière des Héros de Casin, où les combats les plus terribles entre Allemands, Hongrois et Roumains se sont déroulés.

I. Butnaru, P. Plopeanu, Onesti, T. Mocanu, I. Ch. Buzatu, D. R. Casin, Osudveanu, Grozesti.

TERRE DE PRUNARU, là où eut lieu la célèbre charge de la cavalerie roumaine, tous ayant péri jusqu'au dernier. (Lettre).

La terre provient de l'endroit même où un héros fut frappé droit au cœur. Père Th. N. Jancou, Prunaru, Vlasca.

TERRE DE TURTUCAIA, là où plusieurs milliers de Roumains sont tombés en abreuvant la terre de leur sang. (Lettre).

Je suis parti aussitôt pour Turtucaia et suis allé à l'ouest de la ville, où j'ai pris la terre de la redoute même qui a passé des dizaines de fois d'une main à l'autre. Cette redoute est déserte aujourd'hui et j'ai pris la terre d'une tombe dont plusieurs dépouilles de soldats ont été exhumées et où il reste encore des ossements. Recevez la terre abreuvée d'une grande quantité du sang de notre peuple.

Sandu   Snagoveanu,   Com.

Uzumgeorman.

De la terre envoyée par le curé de Turtucaia a encore été ajoutée. Nos cœurs ont profondément tressailli devant la terre de nos ancêtres, de nos parents tombés sur les champs d'honneur, l'arme à la main et face à l'ennemi, depuis les soldats de Decebal tombés sur les ruines de Sarmisegetuza jusqu'à ceux qui sont tombés hier sous les obus de Marasesti et Turtucaia.

Lorsque deux légionnaires se sont ensuite approchés et ont commencé à mélanger avec piété cette terre, tandis que les autres saluaient le bras tendu sans désemparer, chantant de toutes leurs forces l'hymne de la Légion,

Debout, Roumain, au combat, l'heure dernière A sonné pour la Nation Roumaine,

le moment fut si émouvant et si grandiose qu'aucun de nous ne put retenir une larme : il y avait dans ce chant le cri même de nos douleurs, des douleurs du peuple roumain d'aujourd'hui, adressé à ses ancêtres, aux braves qui ont vécu sur ces lieux pendant 2 000 ans. C'était l'appel même à l'héroïsme.

LE PETIT SAC AVEC DE LA TERRE, LE TALISMAN DU LÉGIONNAIRE.

Plusieurs petits sacs ont été remplis de terre ainsi mélangée et donnés à chacun, après la prise d'engagement, pour être portés attachés au cou.

Ion Mota a reçu l'engagement de Corneliu Codreanu et lui a ensuite confié le petit sac de terre. Puis, Corneliu Codreanu a reçu l'engagement de Ion Mota et des autres.

1) T'engages-tu à vaincre tous tes désirs et tous tes intérêts personnels pour la justice de la Patrie ?

Réponse : Oui !

2) Reconnaissant que la domination juive sur notre pays entraine notre anéantissement spirituel et national, t'engages-tu à être notre frère pour

lutter pour la défense, l'épuration et l'affranchissement de la terre des ancêtres ?

Réponse : Oui !

3) Dans cette lutte, te soumettras-tu à la Légion de Saint-Michel-Archange ?

Réponse : Oui !

4) Porteras-tu cette terre avec piété sur ton cœur ?

Réponse : Oui !

5) Et ne nous quitteras-tu pas ?

Réponse : Je ne vous quitterai pas.

Après être passé individuellement et avoir répondu à ces cinq questions, chacun recevait le petit sac de cuir avec un cordon de soie.

La cérémonie a commencé à une heure et demie. Après le repas, à trois heures, la délibération du Conseil a commencé. Elle a été présidée par le plus âgé des légionnaires présents, M. Solomon Hristache de Focsani.

La réunion a duré jusqu'à six heures et demie, après quoi nous avons donné lecture du communiqué suivant :

1. La Légion affirme que la Patrie avec toutes ses exigences, se place au-dessus des intérêts personnels.

2. Tous les enfants du sol roumain doivent accourir avec leurs âmes et leurs bras au service de notre Patrie foulée aux pieds par les étrangers.

3. La Légion s'adresse à tout homme qui se sent un cœur de combattant, l'appelant sous son drapeau pour la défense de la terre des ancêtres.

4. La Roumanie aux Roumains. Pour les Juifs, la Palestine. Justice pour les Roumains et mort aux traîtres,

Vive en nous le cœur de combattant !

Vive et fleurisse la Roumanie Nouvelle !

C'est ainsi que s'est clôturée la journée de la fête des Saints Archanges Michel et Gabriel.

Puissions-nous, en portant sur notre cœur, comme un talisman, la terre de nos ancêtres, en tirer un sang héroïque et le faire couler dans nos veines.

Résumé programmatique.

Le résumé du programme légionnaire est publié dans une autre brochure. Nous en donnons quelques lignes générales :

POINT 84 : Le premier point du programme légionnaire.

Si quelqu'un vous interroge là-dessus, dites-lui que c'est **LE SERMENT DU CHÂTIMENT** :

Le lendemain de la victoire légionnaire **UN TRIBUNAL EXCEPTIONNEL** sera constitué, qui fera comparaître et jugera pour crime de trahison de la Patrie :

a) Tous les dilapidateurs des finances publiques.

b) Tous ceux qui, foulant aux pieds les lois fondamentales du pays, ont persécuté, emprisonné et frappé les légionnaires et leurs familles.

Quelle que soit la fonction qu'ils occupent, du gendarme au ministre, personne ne pourra échapper à ce jugement.

Ces messieurs se sont par trop imaginés que le pays roumain était leur propriété, que les lois avaient été faites pour être foulées aux pieds et que nous sommes les domestiques de cette ferme, domestiques qu'ils peuvent mener à coups de fouet. La Nation roumaine, consciente de ses droits, commencera sa nouvelle vie par **L'ŒUVRE DE CHÂTIMENT LÉGAL.**

Cette heure, nous l'attendons avec patience. Sans cette **HEURE DU CHÂTIMENT**, aucune reconstruction n'est possible dans ce pays.

Les chefs de nids feront des rapports détaillés et très exacts sur toutes les iniquités et violations de la loi, et les feront remettre au Chef de la Légion.

POINT 85 : Le discours du message tenu par le Chef de la Légion au Parlement.

D'après le journal officiel du 3

décembre 1931, M. le député Corneliu Zelea Codreanu a la parole :

« Monsieur le Président, Messieurs les députés, je suis le plus jeune parmi vous et je représente un mouvement de jeunesse. Je me suis élevé ici par mes propres forces, sans l'aide ou le soutien de personne. Je crois que les dirigeants actuels de la Grande Roumanie se donneront la peine de m'écouter comme représentant de la jeune génération tourmentée dont on a tant parlé, de cette génération martyrisée, je pourrais dire : crucifiée. Je crois qu'il serait normal que l'honorable assemblée ait un peu de bonne volonté pour nous écouter nous aussi, car je pense qu'il convient que les dirigeants sachent aujourd'hui quelle est l'orientation politique de la génération qui, avec ou sans votre consentement, doit vous succéder demain sur ces bancs.

En tout cas, je tiens à affirmer dès le début que nous ne sommes pas une génération telle que vous la connaissez à travers une certaine presse. Nous ne poursuivons pas d'autre but que celui de défendre notre Patrie, la Patrie sacrée menacée par les rafales de la tempête, la Patrie de nos aïeux et le nid chaleureux de ceux qui viendront après nous. Pour fixer brièvement les points cardinaux, je dirai : ce n'est ni une génération immorale, ni une génération sans Dieu, ni républicaine, ni antiroyaliste. Je fixe ces points en :

Dieu, la Patrie, le Roi, la Famille, la propriété et l'Armée pour garantir l'existence de l'État Roumain.

D.V.G. Ispir : Pour cela, vous pouvez être à nos côtés.

M. Corneliu Zelea Codreanu : Messieurs, cette génération passe pour être antisémite. Je voudrais que vous sachiez que je ne suis pas venu pour crier « À bas les Juifs ! », comme je ne crois pas que quelqu'un l'ait jamais fait.

J'ai cependant remarqué une chose : chaque fois que la question du nationalisme roumain a été posée ici, vous l'avez envisagée avec ironie, vous vous êtes moqué de cette question tragique.

D.V.G. Ispir : En ce qui concerne du moins cette partie de la Chambre, ceci est inexact.

M. Corneliu Zelea Codreanu : Je vais, Messieurs, vous poser ce problème en quelques phrases, car je suis le chef d'un petit groupement, et je dois développer mes points de vue.

Je suis allé dans le Maramouresch, ce Maramouresch qui est le berceau de nos libérateurs à nous, les Moldaves. Les Maramourechois sont les ancêtres de Saint Étienne le Grand, Voévode de Moldavie. Et là, à l'occasion d'un procès que j'ai eu à Satu-Mare, et auquel a assisté le Professeur Catuneanu, un vieillard aux longs cheveux blancs est venu me trouver et a témoigné devant les instances judiciaires de ce que je vais vous dire à présent : « Nous, les Maramourechois, nous sommes de souche noble et avons eu nos terres et nos montagnes. Nous étions les maîtres jusqu'en 1847. En 1848, alors que j'étais enfant, les premiers Juifs sont venus dans notre commune. »

Et ici j'ouvre une petite parenthèse. Je n'emploie pas le mot « juif » pour insulter quelqu'un. Je les appelle juifs parce que je crois que c'est ainsi qu'ils s'appellent et d'ailleurs, cela me parait bizarre : c'est la seule nation qui fuie son propre nom, le nom qui est le sien.

Pour moi, cette population sur le sol de mon pays – et je prie tout le monde de me croire – alors que j'ai fortement conscience qu'elle lui fait du tort et qu'elle cherche à se faire une place sur notre propre territoire, pour moi, je vous prie de le croire, une lutte à la vie à la mort s'est engagée, et je n'ai envie de plaisanter ni d'insulter quiconque. Pour moi, c'est clair et précis : intelligence ou non, parasitaire ou non, morale ou immorale, cette population est une population ennemie, sur le sol de la Patrie. Et j'entends lutter contre elle avec tous les moyens que la raison, la loi et mes droits de Roumain mettront à ma disposition.

Donc, Messieurs, ce vieillard me disait :

« En 1848, les cinq premiers Juifs sont arrivés. Nos parents les voyant en haillons et affamés les ont laissés s'installer au bord de nos terres ; aujourd'hui, en 1930, nous avons perdu 60 de nos 62 montagnes. Nous, Roumains, nous avons encore 2 montagnes, le reste est en la possession des Juifs. Aujourd'hui, c'est nous qui sommes retirés et qui nous tenons, misérables et affamés, au bord de leurs terres ».

Eh bien, cette situation du Maramouresch s'étend également à la Bucovine, à notre Moldavie, où les églises ferment et les autels sont détruits. Et je vous le demande, à vous tous : que devient une nation dont on détruit les autels ?

Notre commerce a dû s'incliner. Chez nous, dans le très ancien Barlad, dans le Barlad qui exportait des marchandises en Pologne sous Étienne le Grand et qui exportait de Cetatea Alba jusqu'à Constantinople et Alexandrie, chez nous, il ne reste plus qu'un seul commerçant réellement Roumain.

Ainsi, Messieurs, on ne peut négliger ce problème et personne ne peut affirmer que ce n'est pas là le problème dominant de la politique de la Roumanie moderne. Avec nous s'accomplit exactement la même chose qu'avec les Peaux-Rouges d'Amérique du Nord. Nous nous trouvons en face d'une invasion étrangère et nous avons tous les droits, et nous avons aussi le devoir de défendre notre Patrie. Peu m'importe qui envahit mais il me paraît bizarre que, alors que les ennemis venaient les armes à la main nous déposséder de notre sol, nous étions dans les tranchées et nous combattions, tandis qu'aujourd'hui que les armes se sont transformées en argent avec lequel ils peuvent acheter notre pays, il n'y ait plus personne pour protester ?

Voilà, Messieurs, comment se pose le problème.

Vous savez fort bien que les Peaux-Rouges d'Amérique ont disparu peu à peu devant l'invasion anglo-saxonne. Aujourd'hui, toute l'Europe les regrette et les plaint, parce que c'étaient des hommes dignes, mais on dit : « Que faire ? Les autres ont été les plus forts ».

Messieurs, je pense avec horreur qu'à un moment donné l'Europe aura à nous plaindre aussi, nous et nos descendants.

En ce qui concerne notre jeunesse tourmentée qui, comme je viens de vous le dire, a été crucifiée pour cette idée – je viens de passer injustement deux ans en prison – alors, je vous le demande, Messieurs, que voulez-vous qu'ils fassent, ces jeunes qui ont été frappés jusqu'à présent par tous les dirigeants du pays ? Voulez-vous que nous prenions notre besace et que nous partions vers d'autres pays pour y gagner notre pain et y chercher une liberté nationale ? Nous ne vous demandons qu'une seule chose : de nous garder ici, sur cette terre, sous la bénédiction des ossements de nos pères. Messieurs, je regrette que dans cette réponse au message, on ne voit absolument rien pour nous, pas même une lueur d'espoir, et aucune préoccupation, de la part des dirigeants, au sujet du problème exposé plus haut.

Je passerai maintenant sur ce problème, Messieurs, pour en venir à un autre de grande importance, celui de la misère. J'ai apporté ici, dans ce carton, quelques morceaux de pain qui viennent du Maramouresch et des montagnes du département de Neamt, pour que vous voyiez quel pain mange le Roumain du Maramouresch et notre montagnard. Aujourd'hui que le monde se plaint de surproduction de blé, que tous attribuent la crise au fait que le blé se vend à un leu le kilo, voilà le pain que mangent ces hommes !

(M. le Député Corneliu Codreanu présente un morceau de pain noir à l'Assemblée).

Notre cœur doit se serrer de douleur et je crois que n'importe quel peuple d'Europe, voyant la misère dans laquelle vit la Nation roumaine, nous plaindrait de notre détresse. J'ai apporté ces morceaux de pain enveloppés et déposés dans cette belle boîte pour que vous voyiez de quelle artificialité et de quel vernis de civilisation se couvre cette misère roumaine. Je le dépose avec douleur sur le banc ministériel et je prie l'honorable gouvernement de le tenir à la disposition de tous, pour que quiconque aurait envie de plaisanter à propos du peuple roumain voit d'abord de quoi il se nourrit.

Messieurs, devant cette misère qui

accable le pays tout entier, je demande : quel est le système de défense du gouvernement contre cette misère toujours grandissante ?

Messieurs, les députés, il est clair pour moi que le gouvernement a deux théories :

1) La théorie sentimentale du sacrifice et

2) celle, économique, de la conversion.

En ce qui concerne la théorie du sacrifice, je suis, moi aussi, un de ceux qui l'admettent mais j'énonce ici un principe immuable : personne, ni vous, ni moi, n'a le droit d'en appeler à la bourse dégarnie de l'honnête homme tant que le dernier sou volé par les bandits qui ont dépouillé ce pays n'a pas été restitué à la Trésorerie de l'État.

En ce qui concerne l'autre théorie, celle de la conversion, j'y suis favorable. Mais ce n'est pas un remède. Le vrai remède est celui qui tue la cause du mal, c'est-à-dire le microbe. La conversion est un ballon d'oxygène que l'honorable gouvernement administre à l'économie nationale agonisante.

Je suis pour le projet de la conversion et je le voterai. Je tiens cependant à dire : j'attends encore d'autres solutions, et surtout des solutions catégoriques que le malheureux temps présent exige.

Messieurs les députés, la quasi-intégralité du contenu des discussions en réponse au Message a été : sommes-nous contre la dissolution des partis politiques, ou pour ? Je vais dire mon point de vue à ce sujet : qui doit décider de la suppression ou du maintien des partis ? Pouvez-vous les dissoudre ou les maintenir ? Non. C'est le peuple qui doit en décider, c'est le pays affamé et dépouillé. Le moment venu, le peuple en décidera donc.

En tout cas, je vous dis que le peuple n'aime pas les partis politiques. C'est un fait certain et vous ne pouvez, sous un régime démocratique, vous maintenir au pouvoir contre la volonté du peuple. C'est évident.

Il y a encore une question. Quelqu'un disait : les partis ne sont pas nés d'une improvisation, ils sont le résultat d'une évolution. Oui, je suis aussi pour cette analyse, j'applique également aux partis la loi de l'évolution. Les partis, comme toute chose ici-bas naissent, se développent et meurent. Je crois que les partis ne sont pas les formes supérieures de la perfection qui aient gagné le droit à l'immortalité.

Une autre question, touchant à la politique extérieure. Vous voyez bien que l'opinion publique dans toute l'Europe s'oriente vers les extrêmes. Eh bien, ces deux extrêmes vont broyer petit à petit, comme les meules d'un moulin, tous les partis. Messieurs les députés, regardez l'Europe. Il y a deux extrêmes puissants, l'extrême droite et l'extrême gauche qui se fortifient. À un moment donné, l'un des deux vaincra. Je vous le demande à vous, à vous surtout qui vous êtes inclinés devant l'Europe et avez tressailli au premier souffle de vent : dans une Europe où vaincra l'un de ces deux extrêmes, pourrez-vous résister au courant de cette même Europe ? En fait, Messieurs, en ce qui concerne les partis, en regardant du dehors, notre génération constate :

1) Qu'un parti politique est une société anonyme d'exploitation du suffrage universel.

2) Que tous les partis sont démocratiques, parce qu'ils emploient le suffrage universel de la même manière.

3) Qu'ils négligent les intérêts du peuple et de la Patrie, ne satisfaisant que les intérêts particuliers des partisans. Que la démocratie est irresponsable. La force et la sanction lui font défaut. Que tous les partis commettent des iniquités, se dénoncent réciproquement. Aucun parti n'applique de sanction aux siens parce qu'alors il les perd, ni aux

adversaires parce que ceux-ci connaissent les infractions du parti. Et permettez-moi, par rapport à cette question, d'attirer votre attention ne serait-ce que sur les fraudes commises depuis la guerre et qui sont toutes restées impunies : l'alcool au marché noir, 12 milliards ; le bronze des chemins de fer, 900 millions ; les poissons soviétiques ; les forêts du département de Neamt, de la Bucovine, etc. et, d'après un sommaire calcul, la somme de ces fraudes commises sur le territoire du pays a atteint le chiffre de 50 milliards.

La démocratie, vue du dehors, nous donne l'impression d'une vaste complicité de criminels. Conclusion : la démocratie est incapable d'avoir de l'autorité. Et autre chose encore : je vais vous soumettre un point de vue qui, peut-être, ne plaira pas beaucoup à certains d'entre vous. Je vous prie, Messieurs, de nous permettre d'être sévères, intransigeants en tout ce qui intéresse soit la Nation roumaine, soit la probité. Je déclare ici que la démocratie est au service de la grande finance internationale ou internationale juive.

(Interruptions. Bruits.)

Messieurs, la preuve. Je suis venu ici avec une liste qui va vous fâcher, mais je vous demande néanmoins de ne pas m'en vouloir, car je ne peux me taire sur ce point. Il s'agit de ce que l'on appelle le portefeuille de la banque Blank.
Permettez-moi de vous le lire, parce que chacun se retrouvera ici. Cette liste, peut-être n'est-elle pas complète.
M. Brandsch, sous-secrétaire d'État, 111 000.
M. Carol Davila, 467 700.
M. Eugen Goga, créance hypothécaire agricole, 6 200 000.

M. Al. Otetelesanu : c'est une hypothèque sur les terres de Mme Goga.

<u>M. N. Lahovary</u> : ce n'est pas M. Davila qui doit, mais la « banque paysanne ». Ce n'est pas la même chose. Je vous prie de rectifier.

(Interruptions, bruits.)

<u>M. Corneliu Zelea Codreanu</u> : Bien, Messieurs. Je ne dis pas que c'est pourri et qu'il ne va pas le rembourser, mais c'est de l'argent emprunté.

(Interruptions).

Messieurs, il sera payé ou ne le sera pas, je n'en sais rien, mais je vous dirai une seule chose : il y a l'obligation que contracte une personne lorsqu'elle emprunte de l'argent à un tel niveau, de la satisfaire en étant au pouvoir, de la soutenir en étant dans l'opposition et, en tout cas, de ne pas la frapper quand elle doit être frappée.

(Applaudissements sur plusieurs bancs.)

M. Corneliu Zelea Codreanu : Je continue : M. Junian, 407 000 ; M. Madgearu, 401 000 ;

M. Filipesco, 1 265 000 ; M. Mihail. Popovici, 1 519 000 ; M. Raducanu, 3 450 000. (Exclamations sur les bancs de la majorité.) Banque Raducanu de Tecuci, 10 000 000 ;

M. Pangal, 3 800 000 ; M. Titulesco, 19 000 000, et on en parle, je n'ai pas pu avoir de précisions, que M. Argetoianu y serait aussi pour 19 000 000.

(Voix sur les bancs de la majorité : on en parle !)

M. Corneliu Zelea Codreanu : Je vous dis ce que j'ai pu apprendre.

(Interruptions, bruits).

Il y en a d'autres.

Messieurs, je ne dis pas que cet argent a été donné pour graisser la patte, non.

Cet argent a été pris sous une forme quelconque et maintenant il s'agirait de savoir ce qui a été fait là- bas, et des mesures rigoureuses s'imposent en la matière ; sans doute les hommes qui sont liés à cette affaire n'ont-ils plus la liberté nécessaire pour proclamer des sanctions contre cette Banque.

(Applaudissements sur plusieurs bancs.)

Messieurs les députés, si des sacrifices sont demandés pour l'assainissement de notre économie, nous ne pouvons pas consentir à ceux qu'il faudrait faire pour l'assainissement de la Banque Blank, qui a dépensé, dit-on, 50 000 000 de lei pour la célébration de son mariage [de M. Blank] à Paris – ainsi que pour d'autres choses.

(Exclamations, interruptions.)

En conséquence, Messieurs, nous proposons quelques mesures pratiques

qui portent l'empreinte de la jeunesse :
NOUS DEMANDONS
l'instauration de la peine capitale
uniquement pour les manipulations
frauduleuses des finances publiques.

(Applaudissements sur plusieurs bancs.)

M. V. G. Ispir : Monsieur Codreanu, vous vous intitulez chrétien et apôtre de la pensée chrétienne. Je suis professeur de théologie et je vous rappelle qu'il est antichrétien de soutenir une telle position.

(Applaudissements.)

M. Corneliu Zelea Codreanu : Monsieur le professeur, permettez-moi de vous dire que pour moi, lorsqu'il s'agit de choisir entre la mort de mon pays et celle du criminel, je choisis celle du criminel.
Et je suis meilleur chrétien si je ne permets pas que le criminel conduise

mon pays à sa perte et le précipite dans le malheur.

(Applaudissements sur plusieurs bancs.)

NOUS DEMANDONS le contrôle et la confiscation des fortunes de ceux qui ont pillé leur pauvre pays.

(Cris : « Bravo ! »)

NOUS DEMANDONS la responsabilité pénale pour tous les hommes politiques dont on pourra prouver qu'ils ont travaillé contre le pays en soutenant des affaires privées malhonnêtes.

(Applaudissements sur plusieurs bancs.)

NOUS DEMANDONS qu'à l'avenir les hommes politiques ne puissent plus faire partie des conseils d'administration de différentes banques et entreprises.

(Applaudissements sur plusieurs bancs.)

NOUS DEMANDONS l'expulsion des hordes d'exploiteurs qui sont venus sur notre sol pour s'enrichir de nos biens et de notre travail.

NOUS DEMANDONS que le territoire de la Roumanie soit déclaré propriété inaliénable de la Nation roumaine.

(Une voix sur le banc du Parti national paysan : Il l'est.)

M. Corneliu Zelea Codreanu : du peuple roumain, il ne l'est pas.

NOUS DEMANDONS que tous les agents électoraux soient envoyés au travail et l'établissement d'un commandement unique auquel se soumettrait tout citoyen roumain en une seule pensée et en une seule âme.

Si, en ce moment, les dirigeants sont empêchés par la Constitution de prendre les mesures nécessaires et intégralement, nous sommes d'avis qu'il faut dissoudre les corps législatifs, qu'un appel soit lancé et que l'Assemblée constituante soit convoquée pour faire élire par le peuple celui qui prendra les mesures nécessaires pour le salut de la Roumanie.

(Applaudissements sur plusieurs bancs.)

POINT 86 : Déclaration faite par le Chef de la Légion au Parlement Roumain.

(D'après le Journal Officiel du mois de novembre 1933.)

C'est pourquoi nous attendons un autre régime, un autre système qui succéderait à celui- ci, après qu'il se soit effondré sous le poids de ses tares.

Dans l'ordre d'urgence, il devra correspondre à ce qui suit :

1) Que les discussions stériles et coûteuses du parlementarisme

démocratique, dont aucune lumière n'a jamais jailli, dont aucune décision héroïque dans ces temps de crise ne sortira jamais, que ces discussions prennent fin.

2) Qu'elles soient remplacées par un commandement qui rassemble les énergies dispersées de la Nation, énergies aujourd'hui gaspillées en des luttes fratricides et qu'il faudrait discipliner, reconstituer moralement, pour leur rendre la foi dans les destinées du peuple roumain et les mener sur ces voies.

3) Déclarer la guerre à la misère générale en conviant les bons au travail, en envoyant de force au travail tous les éléments parasitaires qui jouent dans l'État le rôle du bourdon dans les ruches : fainéants et piliers de cafés, désœuvrés de toutes sortes, agents électoraux des mairies, des préfectures, des ministères, idéologues de la démocratie toujours prêts à tenir des discours bon marché.

4) Supprimer tout ce qui est

parasitisme sur le corps épuisé de la Nation, mettre en mouvement, organiser et stimuler toutes ses forces créatrices.

5) Extirper la malhonnêteté en confisquant les fortunes des coupables, rendre à la Trésorerie de l'État l'argent volé jusqu'au dernier centime.

6) Se porter à la tête des masses dans le bonheur et dans le malheur, faire le même pauvre repas et manger le même pain noir que l'ouvrier pauvre. Car dans les temps difficiles, la misère morale, l'inégalité de traitement, blessent plus que la misère matérielle. Les uns vivent dans le luxe, avec caviar et champagne, alors que d'autres n'ont même pas de la mamaliga [galette de maïs] sous le règne de la démocratie amie du peuple.

7) Faire justice au Roumain dans son propre pays. Guérir ses profondes blessures. Réparer les injustices séculaires qu'il a eu à subir au cours des longues dominations étrangères.

8) Défendre la Roumanie contre le danger que représente l'invasion toujours croissante des Juifs.

9) En finir avec l'existence banqueroutière de l'État démocratique fondé sur l'idéologie périmée de la Révolution française.

Produire cet acte de courage exemplaire, réformateur, qui rejette une fois pour toutes et intégralement, qui flanque par-dessus bord le système de fausses abstractions de la philosophie politique qui inspirait cette révolution.

Une grande époque politique est sur son déclin, et c'est le moment de mettre en place les bases d'une époque nouvelle. Une époque de retour aux réalités nationales donnant à la Nation son sens réel de société naturelle constituée d'individus de la même race, et non dans le sens de la nationalité juridique du citoyen qui permet la transformation automatique en Roumains des masses d'étrangers qui nous ont envahi pour nous conquérir et nous opprimer.

10) Élever le nouvel État en le fondant sur la primauté culturelle nationale, sur la primauté de la famille et des corporations ouvrières.

POINT 87 : Le programme et l'âme.

Je me suis gardé de déployer un programme complet. Les grandes lignes en sont tracées et connues (avec le risque, évidemment, de les voir plagiées).

Les programmes sont basés sur les réalités nationales, et s'il y a des réalités qui demeurent, il y en a d'autres, fort nombreuses, qui changent de jour en jour.

Un programme ne peut être une combinaison de théories tirées des nuages. Il doit être basé sur les réalités douloureuses de notre Nation roumaine. Ce sont ses blessures qui doivent être guéries. Vous cherchez des programmes ?

Ils sont sur toutes les lèvres des

foules. Il vaudrait mieux que vous cherchiez des hommes. Car en une seule nuit, n'importe qui peut faire un programme, et ce ne sont pas les programmes qui manquent dans le pays, mais des hommes et des volontés pour les exécuter. Il y a des mouvements qui n'ont aucun programme : ils vivent de la spéculation sur différents problèmes qui surgissent dans la vie. Par exemple : l'usure. Ils l'épuisent puis meurent. À moins qu'une autre proie ne leur apparaisse.

D'autres ont un programme. D'autres ont plus qu'un programme : une doctrine, une religion. C'est quelque chose qui est d'une nature spirituelle supérieure et qui rassemble d'une manière mystérieuse des milliers d'hommes décidés à changer leur destin.

Si l'homme d'un programme ou d'une doctrine sert avec un certain intérêt, les légionnaires eux sont des hommes d'une grande foi, prêts à se sacrifier pour elle à chaque instant.

Cette foi, ils la serviront jusqu'au bout.

Le programme des lupistes, des tzaranistes, des libéraux, si beaux et si complets soient- ils, soyez certains qu'aucun lupiste, aucun géorgiste, n'est prêt à mourir pour lui.

C'est pourquoi j'attache moins de valeur à des hommes rassemblés autour d'un programme et qui vous abandonnent dans les moments difficiles, qu'à des hommes que rassemblent une foi profonde et qui ne vous quittent pas jusqu'à la mort.

Notre mouvement légionnaire a davantage le caractère d'une grande école spirituelle. Il tend à allumer des croyances insoupçonnées, à transformer, à révolutionner l'âme roumaine. Dites-le bien haut, que le mal, la misère, la ruine nous viennent de l'âme.

L'âme est le point cardinal sur lequel on doit travailler en ce moment. L'âme de l'individu et celle de la masse.

Mensonges, tous les nouveaux

programmes et systèmes sociaux, fastueusement étalés pour le peuple, si la même âme de fripon, le même manque de conscience dans l'accomplissement du devoir, le même esprit de trahison à l'égard de tout ce qui est roumain, la même débauche, le même esprit de gaspillage et de luxe – si tout cela se profile en arrière- plan.

Appelez l'âme de la Nation à une vie nouvelle. Ne cherchez pas les succès électoraux s'ils ne signifient pas en même temps la victoire des forces organisées de l'âme nouvelle.

Programmes ? Comment donc ? Ne croyez-vous pas que nous pourrions aussi assécher des marais ? Capter de l'énergie dans les montagnes et électrifier le pays ? Ne pouvons-nous pas bâtir des villes roumaines ? Ne pouvons-nous pas faire produire à nos cultures quatre fois ce qu'elles produisent ? Assurer par les fruits de notre sol le pain de chaque Roumain ? Ne pourrions-nous faire des lois qui assureraient le bon fonctionnement d'un mécanisme d'État approprié spécifiquement à notre Nation ? Ne pourrions-nous établir des plans quinquennaux ? Ne pourrions-nous établir ici, au sommet des Carpathes, une Patrie qui brille comme un phare au milieu de l'Europe ? Et qui soit l'expression du génie roumain ? Nous le pouvons. Mais la grande erreur de bien des hommes politiques, c'est d'avoir étalé des programmes dans leurs moindres détails avant même d'être en situation de les réaliser.

Nous avons aussi des programmes en poche. Ils sont continuellement étudiés mais réservés au moment venu.

Vous demande-t-on ce que vous allez faire ? Dites que des hommes comme vous peuvent faire beaucoup de choses.

Pour l'instant, notre programme est :

1) créer la force ;

2) mener cette force de façon à

vaincre toutes les forces adverses ;

3) et appliquer ensuite les mesures du programme proprement dit.

Nos voies sont légales. En tout cas, les détails tactiques ou programmatiques font partie du secret d'opération des forces de combat.

POINT 88 : Du manifeste « Une ruine ».

Il n'y a pas d'homme pour ne pas voir que ce riche pays est devenu une ruine. Une ruine, le foyer du paysan, une ruine, le village (une poignée de gens qui se lamentent), une ruine, la commune, une ruine, le département, une ruine, les montagnes abandonnées, une ruine, les champs laissés en friche, qui ne rapportent plus rien au pauvre laboureur, une ruine, le budget de l'État, une ruine, le pays tout entier.

Et, sur ces ruines qui couvrent l'étendue du territoire roumain, un ramassis de félons, une clique d'imbéciles, une horde de fripons éhontés se sont construits des palais pour défier le pays qui gémit de douleur et pour injurier ta souffrance, Roumain.

Jamais tableau plus insolent et plus douloureux ne fut donné dans le monde.

Sur les millions de fermes qui se détruisent, sur les millions d'âmes qui souffrent s'élève, arrogant, le palais de celui qui pille son pays.

Qui est-il ?

Cherchez-le dans les villes cosmopolites et vous le trouverez. C'est l'ancien embusqué de 1916, le héros cent kilomètres en arrière du front, ou le traître à la Patrie, aux frères ; c'est celui qui s'enrichit par la guerre, l'homme d'affaires, celui qui a profité des fruits du sang que tu as versé goutte-à-goutte, de tes blessures profondes.

En rentrant en 1918, tu t'es courbé devant lui, le voyant gras, bien mis, toi qui étais en haillons. Dès lors, il t'a loué et tu es tombé en son pouvoir, toi et le pays que tu as créé sur les champs de bataille. Que voulez-vous qu'il advienne de ce pauvre pays quand un Stere, condamné à mort pour haute trahison, puis gracié, y est chef de parti, quand Socor, condamné et dégradé pour trahison, est au Parlement et directeur d'un journal, et qu'ils conduisent la politique roumaine ? Quand tant d'embusqués sont à la tête des affaires nationales ?

Nous avons déployé un drapeau. Contre eux, contre tous ceux qui ont ruiné le pays, contre les hordes d'étrangers et contre ceux qui soutiennent les intérêts étrangers, qui nous ont pris jusqu'à la moelle des os, nous avons déployé un drapeau.

Lorsque nous sommes partis au combat sous ce drapeau, nous avons demandé la bénédiction des soldats tombés au champ d'honneur pour la Grande Roumanie, et nous avons fait appel à tous ceux qui sont restés en vie après de durs combats.

Ce drapeau vengeur a vaincu à

Neamt les hordes effrontées des politiciens. Ce drapeau les a écrasés à Tutova.

Nous portons ce drapeau sanctifié par deux combats à l'un et l'autre bout du pays.

Il encourage les nôtres et sème la terreur chez les adversaires. Nous nous sommes nommés Légionnaires.

Nous, les serviteurs de ce drapeau, nous ne nous sommes pas liés pour voler le pays, nous ne nous sommes pas liés pour obtenir des partisans, et leur donner des os à ronger, la carcasse du pays.

Nous nous sommes liés pour rester pauvres jusqu'au cercueil, et ceux d'entre nous qui sont riches deviendront pauvres, mais nous sommes unis pour vaincre. Pour vaincre et venger. Nous sommes prêts au sacrifice, prêts à mourir.

Voilà ce que nous sommes, nous les Légionnaires.

C'est en vain et par erreur que certains villageois ont cru que nous luttions pour les enrichir et pour faire tous leurs caprices, pour leur donner le pays à dévorer. Eh bien, non !

C. Z. C.

POINT 89 : Aux porteurs de l'esprit nouveau.

LÉGIONNAIRES !

Les orateurs des vieux partis parcourent de nouveau les villages, en vous demandant votre concours pour pouvoir se refaire. Sous leur domination, le Roumain de partout s'est appauvri et agenouillé devant l'étranger. Les grands intérêts de la Patrie sont abandonnés. Notre monde politisé ne voit plus rien d'autre que les intérêts du parti, pour la victoire duquel il sacrifie, chaque jour et chaque heure, notre avenir même de peuple.

Les forêts des montagnes tombées

dans les mains des étrangers s'effondrent.

Le cœur gémit chez les Motzes et les Maramourechois oubliés par tout le monde. Les ouvriers roumains délaissés grossissent les rangs des communistes juifs.

Le commerce roumain dépourvu de protection est humilié en une lutte inégale avec l'étranger.

Le germe dissolvant et corrupteur de consciences pénètre toujours plus haut et plus profondément, dans les cadres de notre glorieuse armée.

Et des heures difficiles sont à prévoir. Si jamais nous étions appelés au grand examen international, qui défendrait encore notre sol et la gloire de notre pays, et la gloire de notre Drapeau ?

Le paysan roumain vend ses produits à un prix inférieur au prix de production. Les intermédiaires se sont multipliés et nous inondent.

Les cafés regorgent de courtiers et

d'usuriers qui s'enrichissent aux dépens de ceux qui travaillent. Le peuple est spolié, le Roumain accablé de dettes est devenu l'esclave contemporain du banquier juif.

Le pays, partagé en partis qui s'entre-déchirent se détruit sous nos yeux.

Les dirigeants des vieux partis n'ont pas de poigne et pas la moindre perspective nationaliste, ne soutenant et n'encourageant en rien le Roumain qui porte le pays entier sur ses épaules.

Légionnaires,

Face à une telle situation et avant que l'esprit politicard n'ait pu se refaire, j'ai brandi l'épée et j'ai déployé le nouvel étendard du temps.

On sent dans l'air, de plus en plus fort, le besoin d'autres principes de vie politique et morale. Dépolitiser le pays est une nécessité du temps.

À la place des vieux partis on sent qu'un renouveau s'impose. À la place des partis dévoués à l'étranger, il faut une politique d'indépendance et d'encouragement au roumanisme.

Dites à tous ceux qui viennent de nouveau vous prendre la main que leur temps est révolu. Tous ces orateurs peuvent périr.

Dorénavant, vous ne devrez obéir qu'à une seule voix, mystérieuse et impénétrable comme Dieu lui-même, l'appel de la Patrie. Que tout votre être entende cette voix, que vous vous soumettiez à elle d'une seule âme.

Roumains,

La Roumanie ressuscitera lorsque votre voix et votre volonté proclameront la victoire. Nos enfants y resplendiront comme des fleurs, l'étranger la respectera, l'ennemi la craindra.

Soldats de la Légion de Saint-Michel Archange !

Alors que vous êtes destinés par Dieu à forger cette Roumanie nouvelle, alors que la Nation du Dniester à la Tisza vous attend pour vous acclamer sans fin sur la scène de l'histoire, que de vos poitrines d'acier retentisse notre cri de combat et de victoire :

Vive la Roumanie roumaine ! Vive la Légion ! Corneliu Zelea Codreanu, Chef de la Légion.

POINT 90 : Manifeste du Prof. Cristesco (modèle de manifeste).

Roumains du département de Vlasca !

Un mouvement nouveau et résolu, guidé par la foi en un accomplissement roumain de sacrifice et de probité au service de l'État a compris sa vocation de représenter le cri de douleur et de révolte de la Nation tout entière.

Pour ce pays trompé par une bande de politiciens profiteurs et pillards, menacé et humilié dans ses intérêts par tant d'étrangers et par tous ceux qui se sont mis à leur service, la Légion vient aujourd'hui comme un mouvement d'élan et de jeunesse, d'enthousiasme et de discipline militaire. Elle appelle, sous l'égide de notre religion ancestrale, au combat pour l'instauration d'une vie nouvelle d'honnêteté et de justice.

Elle a à sa tête un fils de Moldavie, Corneliu Zelea Codreanu qui, bravant la persécution et supportant la souffrance, lutte sans trêve pour le salut de notre Nation et pour le triomphe de la justice. C'est sur son ordre que j'ai pris le commandement de la Légion dans ce département, pour accomplir mon devoir sacré de Roumain, pour appeler dans les rangs de cette organisation ceux qui aiment encore le foyer de leurs ancêtres et qui sont décidés à combattre dans l'esprit de sacrifice à nos côtés, pour la victoire du Roumanisme et de la justice.

Roumains de Vlasca !

Intellectuels, commerçants, laboureurs et ouvriers, comprenez le commandement des temps et enrôlezvous dans la Légion.

Prof. Vasile Cristesco.

POINT 91 : Les « Couzistes ».

Camarades,

Vous n'oublierez jamais que ces hommes dénommés « Couzistes » se sont moqué sans cesse pendant dix ans de toutes nos souffrances.

Ils se sont élevés sur notre dos à nous, enfants de toutes les prisons et des heures difficiles d'autrefois, pour cracher le lendemain au visage tant de fois frappé par l'ennemi.

POINT 92 : Articles des lois du pays sur lesquels on doit attirer l'attention des agents de la force publique (maires, gendarmes, gardiens, etc.) qui s'opposent à la propagande de la Légion en abusant de leurs forces.

Les infractions.

Art. 137 du Code pénal : n'est pas considéré comme infraction : l'action imposée ou autorisée par la loi, si exécutée dans ces conditions ; l'action accomplie par l'organe compétent en vertu d'un ordre de service si cet ordre est donné sous une forme légale par l'autorité compétente et si elle n'a pas un caractère illégal.

Lorsque l'exécution d'un ordre constitue une infraction, le chef ou le supérieur qui a donné cet ordre sera puni en même temps que celui qui l'a exécuté.

Les arrestations.

Art. 11 de la Constitution. La liberté individuelle est garantie. Personne ne peut être détenu ou arrêté autrement qu'à la suite d'un mandat d'arrestation judiciaire motivé, qui doit être communiqué au moment de l'arrestation ou au plus tard 24 heures après l'arrestation.

Art. 254 du Code pénal. Le mandat doit être émis par le juge d'instruction, par le ministère public ou par les instances judiciaires au cas où la loi leur donnerait ce droit, en dehors du droit de retenue pour recherches accordé aux officiers de police judiciaire dans l'intérêt des premières enquêtes.

Art. 207 du Code pénal. La retenue pour enquête ne peut durer plus de 24 heures. Si une personne a été retenue plus de 24 heures, l'officier de police judiciaire qui l'a retenue est puni d'un à trois ans de prison correctionnelle et d'un à trois ans d'interdiction correctionnelle.

Art. 272 combiné avec l'art. 245 du Code pénal. Le fonctionnaire public qui, en usurpant une attribution ou en abusant de sa force légale, ou en dépassant les limites de sa compétence, ou en ne tenant pas compte des formalités prescrites par la loi ou en les violant, ou en s'écartant de toute autre manière des devoirs inhérents à leurs fonctions arrête, détient ou retient une personne, commet le délit d'arrestation illégale puni d'un à trois ans de prison correctionnelle et d'un à trois ans d'interdiction correctionnelle.

Perquisitions.

<u>Art 11 de la Constitution</u>. Personne ne peut être perquisitionné autrement que dans le cas prévu par la loi et dans les formes prescrites.

<u>Art. 13 de la Constitution.</u> Le domicile est inviolable. Aucune visite au domicile ne peut se faire autrement que par les autorités compétentes dans les cas prévus par la loi et en accord avec les formes prescrites par la loi.

<u>Art. 242 : procédure pénale.</u> Si l'inculpé est détenu, toute perquisition à son domicile sera effectuée en sa présence ou en celle d'une personne désignée par lui ou, si cela n'était pas possible, en présence d'un membre de sa famille. Si la perquisition est effectuée par un

officier de la police judiciaire qui n'est pas magistrat, l'assistance de deux témoins est obligatoire. Si l'inculpé est libre, il est appelé à assister à la perquisition sans avis préalable.

Art. 249 : procédure pénale. En dehors du crime ou délit, aucune perquisition ne peut être effectuée entre 20 heures et 6 heures à l'intérieur d'une maison, contre le gré de celui qui l'habite, autrement que par le juge d'instruction en personne.

Art. 499 du Code pénal. Le fonctionnaire public qui, en dépassant les limites de sa compétence ou en abusant de sa force, ou en ne respectant pas les formalités imposées par la loi, s'introduit ou séjourne dans l'habitation d'une personne, ou dans le bureau d'affaires de ladite personne, dans les dépendances de celle-ci ou dans un endroit clôturé, contre le gré de la personne qui y habite ou a le droit d'en disposer, commet le délit de violation de domicile et est puni de six mois à deux ans de prison. Si, à cette occasion, une perquisition domiciliaire ou une autre action arbitraire est effectuée, la peine est d'un à trois ans de prison correctionnelle et de 2 000 à 5 000 lei d'amende. La tentative se punit.

Art. 40 de la loi d'organisation de la gendarmerie rurale. Les actes qui porteraient atteinte à la liberté individuelle ou la restreindraient ne peuvent être exécutés que sur ordre écrit, quelle que soit l'autorité dont ils émanent.

Art. 39 de la loi d'organisation de la gendarmerie rurale. À la demande de la partie atteinte, le gendarmerie est obligé de délivrer sur place une copie certifiée de l'ordre reçu.

Lois électorales.

Art. 12 de la loi électorale. Les citoyens roumains exécuteront leur droit de vote sur la base des cartes d'électeurs qui leur seront délivrées conformément aux listes électorales.

Art. 24 de la loi électorale. Tout citoyen peut déposer plainte auprès du président du bureau électoral départemental contre ceux qui doivent lui délivrer la carte d'électeur et qui refusent de la lui donner de manière intentionnelle. Le président du bureau, en recevant la plainte, ordonnera la délivrance de la carte et ceux qui ont le devoir de le faire devront s'exécuter.

Art. 115 de la loi électorale. Ceux qui, par coups et violences auront influencé le vote d'un électeur, ou l'auront mis en situation de s'abstenir du vote, seront punis d'un à 3 mois d'emprisonnement et d'une amende de 500 à 2 000 lei.

Art. 120 de la loi électorale. Les manifestes et les publications électorales qui ne contiennent pas d'instigations contre la sûreté de l'État ou des calomnies ne peuvent être interdites d'affichage dans les rues et dans les lieux publics. Ceux qui les détruiront d'une manière intentionnelle seront punis d'une amende de 500 à 2 000 lei.

<u>Art. 122 de la loi électorale.</u> Au cas où le ministère public ne prendrait pas d'initiative, 20 électeurs ont le droit d'intenter et de soutenir l'action publique pour le châtiment des délits commis pendant les élections.

<u>Art. 232 du Code pénal.</u> Celui qui, par violence ou menace empêche un citoyen d'exercer ses droits civiques ou politiques, est puni de détention simple de trois mois à un an, et d'interdiction correctionnelle d'un à deux ans.

<u>Art. 235 du Code pénal.</u> Celui qui, par n'importe quel moyen, empêche le libre exercice du droit électoral ou falsifie d'une manière essentielle les ouvrages ou les actes de préparation ou d'exécution des opérations électorales, ou de constat des résultats de celles-ci, commet le délit de fraude électorale et est puni de six mois à deux ans de prison correctionnelle et d'un à trois ans d'interdiction correctionnelle. Si la partie atteinte ou le ministère public n'ont pas

intenté d'action pénale, cette action pourra être intentée et soutenue par un nombre de 20 électeurs.

Refus de service.

<u>Art. 245 du Code pénal.</u> Le fonctionnaire public qui, en usurpant une attribution ou en abusant de sa force légale, ou en dépassant les limites de sa compétence, ou en violant les formalités prescrites par la loi, ou en n'en tenant pas compte ou en s'écartant de n'importe quelle autre manière des devoirs inhérents à sa fonction, accomplit une action qui n'est pas considérée comme infraction par la loi, avec le but de procurer un bénéfice à une personne injustement, ou de lui causer un préjudice de n'importe quelle nature, commet le délit d'abus de force et est puni de six mois à deux ans de prison correctionnelle et d'un à trois ans d'interdiction correctionnelle. La même sanction est appliquée si une personne est injustement contrainte à faire, à

omettre ou à tolérer une chose. La tentative est punie.

Abus d'autorité.

<u>Art. 246 du Code pénal.</u> Le fonctionnaire public qui, sans motif, use de force armée, si cette action ne constitue pas d'infraction plus grave ou si ses suites ne produisent pas une infraction plus grave, commet le délit d'abus d'autorité et est puni d'un à trois ans de prison correctionnelle et d'un à trois ans d'interdiction correctionnelle

Conduite abusive.

<u>Art. 248 du Code pénal.</u> Le fonctionnaire public qui, dans l'exercice de ses fonctions adresse des injures à une personne ou use de violence vis-à-vis d'elle, si l'action ne constitue pas d'infraction plus grave, commet le délit de conduite abusive et est puni d'un à trois mois de prison correctionnelle.

Violation de secrets.

Art. 502 du Code pénal. Celui qui soustrait ou supprime une correspondance fermée ou ouverte, ou tout autre écrit fermé qui ne lui est pas adressé, commet le délit de soustraction de correspondance et est puni de 1 mois à 1 an de prison correctionnelle et, s'il en divulgue le contenu afin de se procurer un bénéfice matériel ou en causant à un autre un préjudice matériel ou moral, la peine est d'un à trois ans de prison correctionnelle et une amende de 2 000 à 3 000 lei.

Art. 503 du Code pénal. Celui qui, par fraude, obtient une communication télégraphique ou téléphonique et en use, commet le délit d'interception frauduleuse de la communication télégraphique ou téléphonique et est puni d'un à cinq mois de prison correctionnelle.

Si l'infracteur divulgue la

communication télégraphique ou téléphonique pour se procurer un bénéfice matériel ou cause à un autre un préjudice matériel ou moral, la peine est de 6 mois à 2 ans de prison correctionnelle.

<u>Art. 504 du Code pénal.</u> Si le délit susnommé est commis par des fonctionnaires publics, la peine est augmentée d'un à deux ans.

Donc : le fonctionnaire public agit ou bien sur les prescriptions de la loi, ou bien sous les ordres de son supérieur. Lorsqu'il exécute une prescription légale, il doit le faire dans les conditions de la loi, avec les formalités qu'elle exige, et lorsqu'il exécute un ordre de service donné par un supérieur, cet ordre devra être donné dans les termes prévus par la loi, être donné par un supérieur qui a le droit de le donner, ne pas être contraire à la loi ; et celui qui reçoit cet ordre doit avoir le droit de l'exécuter.

Si, en exécutant un ordre de service, le

subalterne commet un crime ou un délit, il est tout autant puni que le supérieur qui l'a donné.

La liberté individuelle est garantie par la Constitution. Tout acte qui porterait atteinte à cette liberté ne peut être exécuté que sur ordre écrit, quelle que soit l'autorité qui donnerait cet ordre qui concerne la liberté d'un homme (arrestation, perquisition domiciliaire) si cet homme le demande, le gendarme est obligé de lui délivrer sur place une copie certifiée de l'ordre exécuté.

La Constitution du pays prévoit que personne ne doit être arrêté autrement que sur mandat judiciaire, et ce mandat doit être montré à l'inculpé au moment même de son arrestation ou, au plus tard, 24 heures après l'arrestation (cf. Art. 11 de la Constitution).

Le Code pénal exige que le mandat d'arrestation soit issu du juge d'instruction ou du procureur, ou d'une instance judiciaire.

La loi donne aux officiers de la police

judiciaire (procureur, juge d'instruction, juge rural, commissaire, chef de poste) le droit de retenir l'inculpé pour les besoins de l'enquête, mais cette garde-à-vue ne doit pas dépasser 24 heures ; l'officier de police sera puni conformément à l'Art. 207 du Code pénal s'il dépasse ce délai.

Lorsqu'un fonctionnaire public arrête ou ordonne l'arrestation d'une personne sans que la loi lui en ait donné le droit, ou même s'il a arrêté quelqu'un pour son bon plaisir, sans tenir compte des formalités prescrites par la loi, il sera puni conformément à l'article 272 du Code pénal pour arrestation illégale.

Donc, si un agent de la force publique vient pour t'arrêter, demande-lui en quelle qualité il le fait, et demande-lui de te montrer l'ordre écrit.

La Constitution dit que personne ne peut être perquisitionné autrement que dans les cas prévus par la loi et uniquement selon les formes prescrites par la loi (Art. 11 de la Constitution).

Le domicile est inviolable. Nulle visite du domicile ne peut avoir lieu que par les autorités en droit, uniquement dans les cas prévus par la loi et selon les formalités exigées par la loi. Les autorités munies de ce droit sont les officiers de la police judiciaire et ils ne peuvent effectuer de perquisition domiciliaire que munis de l'autorisation écrite du juge d'instruction. Si celui au domicile duquel on effectue la perquisition est arrêté, la perquisition de son domicile ne peut être effectuée qu'en sa présence ou en celle d'un mandataire, ou au moins d'un membre de sa famille. Lorsque c'est un commissaire ou un chef de poste qui effectue la perquisition, deux témoins doivent y assister. Si l'inculpé est libre, il doit être appelé à assister à la perquisition (Art. 208, 247, 249 de la procédure pénale). Les perquisitions domiciliaires ne peuvent être effectuées entre 8 h. du soir et 6 h. du matin, sauf cas de crime ou délit. Le juge d'instruction peut l'effectuer à toute heure.

Si un fonctionnaire s'introduit dans l'habitation ou la cour d'une personne sans sa permission, en abusant de sa force et sans être muni d'aucune autorisation, il sera puni conformément à l'Art. 499 du Code pénal pour violation de domicile. Et si, à cette occasion, il a insulté, ou frappé celui qui y habite, il sera encore plus sévèrement puni (Art. 499 du Code pénal).

Tous les citoyens roumains inscrits sur les listes électorales ont le droit de voter. Tout légionnaire qui a 21 ans accomplis a le devoir de s'inscrire sur les listes électorales.

Si on te refuse ta carte d'électeur, porte tout de suite plainte auprès du président du bureau électoral départemental. Les manifestes électoraux peuvent être affichés dans les rues et les lieux publics n'importe quand, pas seulement durant les élections. Tous les légionnaires doivent savoir que les ordonnances par lesquelles les Préfets des départements l'interdisent sont illégales.

Celui qui détruit les affiches électorales sera puni conformément à l'Art. 120 de la loi électorale.

Celui qui empêche un citoyen de voter sera puni conformément à l'Art. 232 du Code pénal.

Personne n'a le droit de voter plusieurs fois.

Celui qui vote plusieurs fois sera puni conformément à l'Art. 236 du Code pénal. Si ceux qui, assis à l'intérieur d'un local de vote (délégués), et ceux qui conduisent et surveillent les élections falsifient les résultats, ils seront punis conformément à l'Art. 235 du Code pénal. 20 électeurs pourront porter plainte auprès du Parquet.

Si un légionnaire introduit une demande auprès d'une autorité et demande une enquête, et que ceux qui ont le devoir de la résoudre refusent ou interdisent les recherches pour montrer la haine qu'ils nous portent, le légionnaire doit savoir que ce fonctionnaire, s'il faisait l'objet d'une plainte, serait puni selon l'Art. 243 du Code pénal.

Les autorités commettent très souvent des abus de pouvoir, et surtout vis-à-vis des légionnaires, des actions non justifiées par la loi et que les autorités qui les mènent n'ont pas le droit de mener, soit pour apporter un bénéfice à un de leurs protégés, soit pour causer un préjudice à un légionnaire.

Ces abus seront punis conformément à l'Art. 245 du Code pénal. Les légionnaires ne doivent pas se laisser fouler aux pieds.

Si un fonctionnaire public, une autorité (ex. le Préfet de département ou telle autre autorité) use de la force armée sans justification sérieuse, il sera puni conformément à l'Art. 246 du Code pénal.

Le fonctionnaire public doit avoir une bonne conduite vis-à-vis de ceux qu'il a le devoir de servir. Si, dans l'exercice de ses fonctions, il insulte ou frappe ceux qu'il doit respecter et servir, il sera puni conformément à l'Art. 248 du Code pénal.

Le secret de la correspondance est garanti par la Constitution.

Personne n'a le droit d'ouvrir les lettres d'autrui ou de lire celles qui sont ouvertes, car il sera puni conformément à l'Art. 502 du Code pénal.

Il arrive que des canailles gouvernementales ou des autorités ouvrent des lettres, même recommandées, adressées à des légionnaires, en invoquant la censure et l'état de siège.

Les légionnaires doivent savoir que ce ne sont que des abus et qu'il n'y a pas de loi au monde qui permette à quiconque d'ouvrir les lettres d'autrui ou de retenir les journaux ou publications que les légionnaires reçoivent de la poste, ou d'écouter en cachette et de vendre les conversations télégraphiques ou téléphoniques des légionnaires.

Le Contentieux Légionnaire Central.

POINT 93 : La poésie du chef de nid.

NOUS VAINCRONS

Entends dans la montagne la voix du cor, Sens la tourmente sauvage des alentours.
Relève ton front, sois fier, lève-toi
Toi qui grandis à l'ombre de l'école d'antan, Sois résolu et entre dans l'armée.
Car ceux qui veulent perdre ton pays, Comme des nuées de sauterelles sont arrivés, Et te rétrécissent toujours les frontières.
Si tu te trouves sur la cime d'une montagne, Un site, une colline ou une vallée profonde, Ou un champ qui s'étend jusqu'à l'horizon, L'appel à écouter, n'hésite pas un instant.

Nous sommes dans la légion des milliers et des milliers, Hommes robustes, jeunes gens et même enfants.

Et dans nos cœurs à tous Bouillonne un même désir,

Qu'à l'avenir la terre de nos ancêtres ne soit Qu'à nous, bordée du Dniester,

La Tisza et l'Istrie millénaire.

Avec ses trésors sans fin ni limites. Dis si tu te sens content de ce que

Tout le sacrifice de ceux qui sont morts

Au combat, comme au vent la fumée se soit envolé ?

Ton cœur te permet-il donc de voir Comment en pauvreté ton peuple se meurt,

Alors que de vils étrangers amenés par le vent De tout ce qui donne or et richesse sont les maîtres,

Se vautrent, rassasiés de biens, Dans les villes aux palais Impudemment éclairés ?

Lève-toi dès aujourd'hui, Roumain, Et viens dans la Légion à nos côtés

Et de la décision sacrée tu sentiras le frisson, Et ceux qui sont morts te béniront.

Petre C. Stefan Paysan
Chef de groupe légionnaire département
de Balcesti Arges, 5 mars 1933

Cette brochure est la loi fondamentale de la Légion, la seule qui engage l'Organisation de manière officielle. Tout ce qui a paru avant est nul et non avenu.

Camarades,
J'ai écrit ce petit livre de façon que vous puissiez tous le comprendre. Et maintenant, au travail.

Le Chef de la Légion.

LE SERMENT DES LÉGIONNAIRES MOTA ET MARIN

Je jure devant Dieu.
Devant votre sacrifice sacré pour le

Christ et pour la Légion, d'arracher de mon être les joies terrestres,
De m'arracher à l'amour terrestre,
Et pour la résurrection de ma Nation, À tout instant
D'être prêt à mourir.
JE LE JURE !

SERMENT DES GRADES LÉGIONNAIRES

Chers Camarades,

Chaque fois que j'avais un sacrifice légionnaire sous les yeux, je me disais : Comme il serait terrible que, par le sacrifice suprême des camarades s'élève une caste victorieuse à laquelle s'ouvrent les portes vers la vie des affaires, des coups fantastiques, des vols, la possibilité de se gaver, ou l'exploitation d'autrui. Les uns seraient donc morts pour servir les désirs de richesse des autres, la vie facile et de débauche des autres ! Voilà que Dieu nous a maintenant mis devant le plus grand sacrifice que pouvait produire le Mouvement Légionnaire.

Posons le cœur, le front et le corps de Mota et de son camarade Marin comme fondements de la Nation Roumaine. Fondements pour les siècles futurs et les futures grandeurs roumaines.

Posons donc Mota et Marin comme base de la future élite roumaine qui sera, elle, chargée de faire de ce peuple ce que notre esprit entrevoit à peine.

Vous qui représentez les premiers maillons de cette élite, liez-vous par serment de vous comporter de manière à être en vérité un commencement sain, de grand avenir, de l'élite roumaine, que vous défendrez le mouvement légionnaire afin qu'il ne glisse pas sur les voies des affaires, du luxe, de la vie facile, de l'immoralité, de la satisfaction des ambitions personnelles ou des désirs de grandeur humaine.

Vous jurerez que vous avez compris qu'il n'y a donc plus de doute dans votre conscience que Ion Mota et Vasile Marin n'ont pas accompli leur immense sacrifice pour nous, quelques- uns d'aujourd'hui ou de demain, pour que nous nous gavions et festoyions sur leur tombe. Ils ne sont pas morts pour que nous vainquions une caste d'exploiteurs et nous installions dans leur palais en continuant d'exploiter le pays et le travail des autres, en continuant l'existence d'affaires, de luxe, de débauche.

Dans ce cas, la pauvre masse des Roumains ne ferait que changer l'enseigne des exploiteurs et notre pays ramasserait ce qui lui reste de forces pour supporter une nouvelle sorte de vampires qui lui sucerait le sang : c'est-à-dire nous.

O ! Mota, ce n'est pas pour cela que tu es mort. Tu as fait ton sacrifice pour la Nation.

C'est pour cela que vous jurerez que vous avez compris qu'être élite légionnaire ne signifie pas seulement, dans notre langage, lutter et vaincre, mais immolation permanente au service de la Nation, que l'idée d'élite est liée à celle de sacrifice, de pauvreté, de vie rude et sévère, que là où finit le sacrifice de soi finit aussi l'élite légionnaire.

Nous jurons donc de laisser par serment à nos successeurs de venir jurer sur la tombe de Mota et Marin les conditions essentielles de l'élite légionnaire, que nous jurons nous- mêmes :

1. Vivre dans la pauvreté, en tuant en nous les désirs de richesse matérielle.

2. Vivre une vie rude et sévère en chassant le luxe et l'envie de se gaver.

3. Faire disparaître toute tendance à l'exploitation de l'homme par l'homme.

4. Nous sacrifier constamment pour le pays.

5. Défendre le Mouvement légionnaire de toutes nos forces contre ce qui pourrait l'entraîner sur les voies du compromis ou sur des voies compromettantes, ou simplement

contre tout ce qui pourrait affaiblir sa haute ligne morale.

MOTA et MARIN, NOUS JURONS !

Bucarest, le 12 février 1937.

LES DIX COMMANDEMENTS

auxquels doit se tenir le légionnaire afin de ne pas perdre son glorieux chemin en ces jours ténébreux de persécutions et de séductions démoniaques. Pour que tout le monde sache que nous sommes légionnaires et resterons légionnaires pour les siècles des siècles.

1. NE CROIS en aucune information, ou nouvelle, ou opinion sur le mouvement légionnaire, lues dans n'importe quel journal, même s'il paraît nationaliste, ni à ce qui t'est chuchoté à l'oreille par des agents ou des gens comme il faut.

Le légionnaire ne croit qu'à l'ordre ou à la parole de son Chef. Si cette parole ne vient pas, cela signifie que rien n'a changé et le légionnaire continue tranquillement sa route en avant.

2. RENDS-TOI BIEN COMPTE qui est celui que tu as devant toi et mesure-le comme il convient : quand c'est un ennemi qui veut te tromper ou simplement un ami que l'ennemi a commencé par tromper.

3. GARDE-TOI de l'étranger qui te conseille de faire une chose, comme d'un grand malheur. Il a un intérêt et veut, soit y parvenir à travers toi, soit te compromettre aux yeux des autres légionnaires. Le légionnaire agit uniquement sur ordre ou de sa propre initiative.

4. Si quelqu'un veut te séduire ou t'acheter, crache-lui dans les yeux : les légionnaires ne sont ni bêtes ni à vendre.

5. FUIS ceux qui veulent te faire des cadeaux. N'accepte rien.

6. ÉLOIGNE-TOI de ceux qui te flattent et te couvrent de louanges.

7. Où vous n'êtes que trois légionnaires, vivez comme des frères : Union, Union, encore Union. Immole-

toi, foule aux pieds, avec tous tes désirs, l'égocentrisme de ton être pour cette Union. L'UNION nous donnera la victoire.

Celui qui est contre l'unité est contre la victoire légionnaire.

8. NE MÉDIS PAS de tes camarades. Ne rapporte pas. Ne chuchote pas à l'oreille et n'accepte pas qu'on le fasse avec toi.

9. NE T'EFFRAYE PAS si tu ne reçois pas d'ordres, de nouvelles, de réponses aux lettres, ou si tu as l'impression que la lutte n'avance pas. Ne sois pas alarmé, ne prends pas les choses au tragique, car Dieu est au-dessus de nous et tes Chefs connaissent la bonne voie et savent ce qu'ils veulent.

10. DANS TA SOLITUDE, prie Dieu, au nom de nos morts, pour qu'Il nous aide à supporter tous les coups jusqu'au bout des souffrances et jusqu'à la grande résurrection, jusqu'à la victoire légionnaire.

Mars 1935,

Corneliu Zelea Codreanu

L'ASSOCIATION « LES AMIS DES LÉGIONNAIRES »
Les Statuts

Voici les statuts de l'Association :

Nous avons pris l'initiative d'établir un contact avec ceux qui ne sont pas légionnaires et ne peuvent le devenir.

Il y a beaucoup de personnes qui ont été de cœur et d'âme avec le Mouvement, mais qui n'ont pas pu nous rejoindre, soit qu'elles aient été employées par l'État, par des établissements privés, soit que, comme commerçants ou industriels, elles aient été limitées par de nombreuses obstacles propres à leur métier, soit que leur complexion spirituelle ne leur ait pas permis de s'intégrer entièrement dans l'esprit sévère du mouvement.

Cependant, il y a tout de même bon

nombre de Roumains qui reconnaissent que ces jeunes méritent qu'on leur donne un coup de main sur le front où ils gèlent en combattant pour le pays.

Regardez partout : des pays comme l'Italie, la Belgique et l'Allemagne ressuscitent à une vie nouvelle et tracent, de victoire en victoire, des chemins nouveaux sous le soleil.

Nous sommes les seuls, nous Roumains, à demeurer immobiles. Nous demeurons indifférents face à l'agitation de la jeunesse et nous croyons toutes les calomnies déversées contre elle.

Une question nous serre le cœur : notre génération serait-elle seulement vouée à la défaite ? Ne pourrons-nous pas donner aussi au monde une grande victoire de la Roumanie ?

Ces considérations nous ont conduit à constituer une forme d'association destinée aux militants qui veulent aider la jeunesse et appelée : « Les Amis des Légionnaires ».

DÉCISION DE LA DIRECTION DE LA LÉGION

Nous nous sommes présentés à la direction de la Légion, qui nous a donnée la réponse suivante :

Nous acceptons votre proposition avec une grande joie, elle sera vraiment utile pour la victoire.

Cette proposition, règle de plus un autre problème.

Tout autour de nous se trouvent des amis, des indifférents et des ennemis. Nous considérerions comme une catastrophe, si demain, le clairon sonnant la victoire sur la terre de Roumanie, ceux qui étaient les vrais amis de la Nation, devaient être mis de côté avec mépris, et ceux qui nous avaient combattus ou avaient été indifférents jusqu'à la veille de la victoire obtenaient des récompenses imméritées comme héros de la dernière heure. Cette triste perspective nous hante depuis longtemps. Car, si, au lendemain de la victoire, quelque chose comme cela se produisait, toute l'œuvre de la Légion serait effacée.

Votre proposition y apporte la solution : sur sa base, nous saurons qui étaient nos amis dans les moments difficiles, lesquels sont restés indifférents à toutes les tentatives du mouvement et lesquels se sont opposés à la Nation en s'opposant à nous.

Il ne s'agit pas de vengeance, mais nous ressentons le besoin de créer un sentiment de responsabilité au sein du peuple roumain. Chacun doit savoir qu'il répondra de son attitude. Aucune nation ne peut vivre si le peuple est prêt à suivre toutes les attitudes, tous les changements et tous les compromis.

CEUX QUI NE PEUVENT PAS ÊTRE ACCEPTÉS

La direction de la Légion a donc approuvé cette initiative, mais a posé trois conditions :

Nous acceptons ces amis chrétiens à quels partis, groupes ou classes sociales qu'ils appartiennent. Nous ne nous préoccupons pas des groupes, classes sociales ou partis auxquels ils appartiennent et dans lesquels ils resteront dans l'avenir.

Mais nous refusons catégoriquement l'amitié :

A) de ceux qui nous ont attaqués avec lâcheté ou qui ont eu vis-à-vis de nous une attitude proche de la lâcheté.

B) de ceux qui ont prouvé par leurs relations avec nous ou avec d'autres qu'ils étaient des hommes SANS CARACTÈRE.

C) de ceux qui ont été INCORRECTS, amassant des fortunes avec des affaires malhonnêtes, ou par le détournement de l'argent public.

Sinon, en dehors de ces trois catégories, n'importe qui peut devenir des «Amis de la Légion ».

CONDITIONS DE PARTICIPATION

Suite à cette réponse, nous avons d'un commun accord établi les directives suivantes :

I. Les Amis des légionnaires apportent aux légionnaires une aide matérielle et morale, mensuellement ou annuellement selon leurs possibilités.

II. Ils sont totalement en dehors de la Légion, dont les règles d'acceptation sont beaucoup plus sévères.

III. Ils ne se connaissent pas mutuellement et ne se réunissent jamais.

IV. Ils ne peuvent pas être connus des légionnaires non plus.

V. La première réunion de ces personnes se tiendra le jour de la victoire. Ils seront alors convoqués par le Chef de la Légion, seront connus des légionnaires et célébrés par tout le peuple.

VI. Ils possèdent un numéro d'ordre et un mot de passe.

VII. Ils seront informés

correctement et en temps opportun de tous les problèmes importants de la Légion.

Cette association a été créée le vendredi 6 novembre 1936.

Corneliu Z.-Codreanu

https://bibliothequedissidente.com

Une édition traduite, corrigée et augmentée, exclusivité
de la maison d'édition Bibliothèque Dissidente
Dépôt légal : février 2019